大阪府公立高入試

社会

形式別 対策問題集

〔もくじ〕

（編集部注）
著作権の都合により，実際に使用された写真と異なる場合があります。
本書の内容についての一切の責任は英俊社にございます。ご不審の点は当社へご質問ください。

—— はじめに ——

この本は，大阪府公立高校への入学を目指す受験生が，社会科の入試においてできるだけ高い得点がとれるよう，効果的な問題演習ができるようにつくられています。

問題の配列には，過去の大阪府公立高入試（社会科）で出題された問題の傾向，さらにその問題の正答率の分析を取り入れており，問題形式別に各章に分けてあります。

各受験生によって得意な問題形式，不得意な問題形式は異なっていると思います。章の順番にこだわらず，得意なものを伸ばしたい人は得意な問題形式から，苦手なものを克服したい人は不得意な問題形式から取り組んでみてください。

この本でしっかりと問題演習に取り組んでもらうことが，受験生の志望校合格への助けとなることを願います。

㈱英俊社編集部

〔大阪府公立高入試（一般入学者選抜）の教科別試験種〕

・数学　…　A 問題，B 問題，C 問題（各学校による指定あり）

・英語　…　A 問題，B 問題，C 問題（各学校による指定あり）

・国語　…　A 問題，B 問題，C 問題（各学校による指定あり）

・理科　…　共通問題

・社会　…　共通問題

→　社会・理科については，数学・英語・国語とは異なり，A 問題～C 問題のような区別はなく，共通問題が実施されています。そのため，易しい内容の問題から難しい内容の問題までが混ざった状態になっています。

どのような形式の問題が出題されるかを事前に知っておき，その問題にどのように対処すればよいかを確認しておくことで，入試当日も慌てずに試験に臨むことができるでしょう。

（試験時間は 50 分，満点は 90 点）

〔この本の使い方〕

●各章の構成

《実際の大阪府公立高入試問題から》

過去の一般入学者選抜で出された問題を例題として示しています

【解答を導くヒント】も示していますので，もし間違った場合には，こちらを参考に解き直しをしてみましょう

《類題チャレンジ☆》～地理・歴史分野～

中１・中２で学習する地理・歴史分野についての類題を示しています

類題は大阪府以外の都道府県の公立高入試で出題されたものから選んでいます

《類題チャレンジ☆☆》～公民分野・発展演習～

中３で学習する公民分野についての類題と，地理・歴史・公民分野についての少し難度の高い類題などを示しています

類題は大阪府以外の都道府県の公立高入試で出題されたものから選んでいます

※各章の最初には「学習のポイント」も示していますので，出題形式の特徴を捉える助けとしてください

（注）７章「一問一答」の問題については，大阪府公立高入試の一般入学者選抜と特別入学者選抜で出題されたものから選んでおり，他の章とは異なった構成となっています

●他の書籍との効果的な組み合わせ

英俊社では，過去問題集である『公立高校入試対策シリーズ（赤本）』に加えて，入試直前の力試し用に『大阪府公立高等学校一般予想テスト』を発刊しています

入試本番を見据え，これらの書籍を組み合わせて学習し，効果的に実力を高めていきましょう

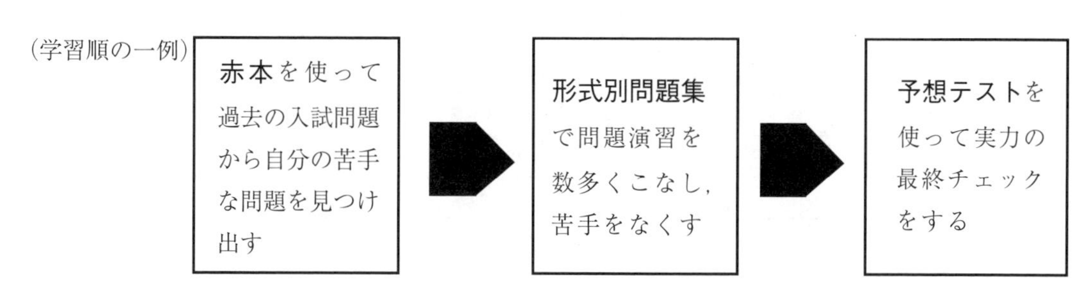

【写真協力】 Mark Roy・Glen Namundja.jpg・via Wikimedia CC-BY ／ ピクスタ株式会社 ／ 帝国書院 ／ 関西電力 HP ／ まいずる観光ネット HP ／ 宮内庁正倉院事務所

【地形図】 本書に掲載した地形図は，国土地理院発行の地形図・地勢図を使用したものです。

1　統計資料の読み取り ～選択問題編

大阪府公立高入試形式別問題演習

学習のポイント

大阪府公立高入試において，統計を利用した問題は毎年度必ず出題されている。知識があれば解ける問題も多いが，なかには計算を必要とする問題も含まれているので，あせらず冷静に対処できるように問題演習を積み重ねておこう！

《実際の大阪府公立高入試問題から》

■　右の図は，2019（令和元）年のわが国における，石油（原油）の輸入額の多い上位３か国を示したものである。次のア～エのうち，A，Bに当たる国名の組み合わせとして最も適しているものはどれか。一つ選び，記号を○で囲みなさい。（ア　イ　ウ　エ）

図

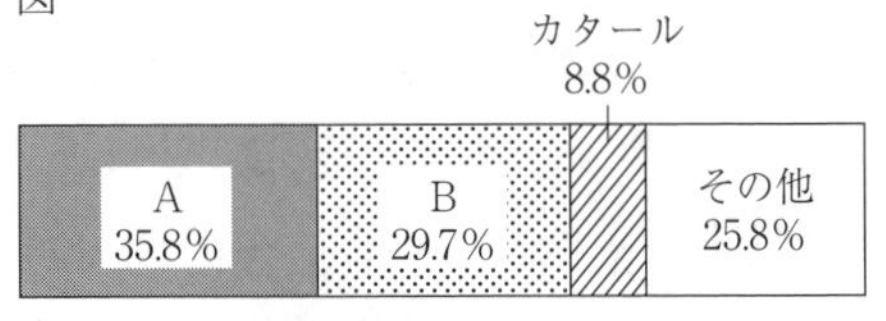

（『日本国勢図会』2020／21年版により作成）

ア　A　サウジアラビア　　B　カナダ
イ　A　サウジアラビア　　B　アラブ首長国連邦
ウ　A　アメリカ合衆国　　B　カナダ
エ　A　アメリカ合衆国　　B　アラブ首長国連邦

【解答を導くヒント】

・日本は，石油（原油）の大部分を**中東諸国**から輸入している
・**中東諸国**の原油生産量と原油埋蔵量は，ともに世界の中でも高い割合を占めている（次の表を参照）

原油生産量（52.1億kL　2021年）

	割　合
中東諸国	**31.3%**
アメリカ合衆国	18.5%
ロシア	12.2%
カナダ	6.0%
その他	32.0%

原油埋蔵量（2754億kL　2020年）

	割　合
中東諸国	**48.3%**
ベネズエラ	17.5%
カナダ	9.7%
ロシア	6.2%
その他	18.3%

（『日本国勢図会2023／24』より作成）

・**中東諸国**に含まれる国々　（原油を産出しない国もある）

アフガニスタン・アラブ首長国連邦・イエメン・イスラエル・イラク・イラン・オマーン・カタール・クウェート・サウジアラビア・シリア・トルコ・バーレーン・ヨルダン・レバノン・（パレスチナ）
外務省HPより

［解答］イ

《類題チャレンジ☆》～地理・歴史分野～

1 次の図は沖縄県，宮崎県，愛媛県，岡山県の人口（2020），産業別人口割合（2017），農業産出額（2019），製造品出荷額（2019），65歳以上人口割合（2019）を示したものである。宮崎県にあたるものを図中のア～エから一つ選びなさい。（　　　）（沖縄県）

県名	人口（千人）	産業別人口割合（%）			農業産出額（億円）	主な産出物（億円）			製造品出荷額（億円）	65歳以上人口割合（%）
		第1次産業	第2次産業	第3次産業		野菜	果実	畜産		
ア	1,468	4.0	15.4	80.7	977	146	60	459	4,990	22.2
イ	1,335	7.9	23.7	68.5	1,207	190	527	249	43,303	33.0
ウ	1,889	4.3	27.2	68.5	1,417	205	249	581	77,397	30.3
エ	1,072	10.4	21.1	68.6	3,396	661	123	2,209	16,523	32.3

（「データでみる県勢 2022」より作成）

図

2 次のグラフのア～ウは，中京工業地帯，京浜工業地帯，阪神工業地帯のいずれかである。中京工業地帯に当たるものを，ア～ウから一つ選びなさい。（　　　）（岐阜県）

［グラフ］

三大工業地帯の工業生産額とその内訳（2016年）

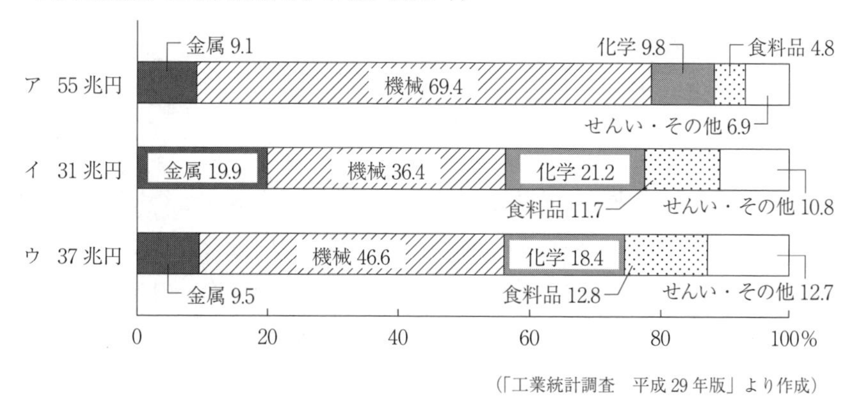

（「工業統計調査　平成29年版」より作成）

3 次の写真は，買い物客でにぎわうドイツのクリスマスマーケットのようすを示したものである。また，あとのグラフは，アメリカ合衆国，イラン，インド，タイの宗教別人口の割合を示しており，グラフ中のア～エには，イスラム教，キリスト教，ヒンドゥー教，仏教のいずれかの宗教があてはまる。写真が開催される宗教として，最も適切なものを，グラフ中のア～エから一つ選びなさい。

（　　　）（鳥取県）

写真

「新・世界の国々3　ヨーロッパ州①」より

グラフ

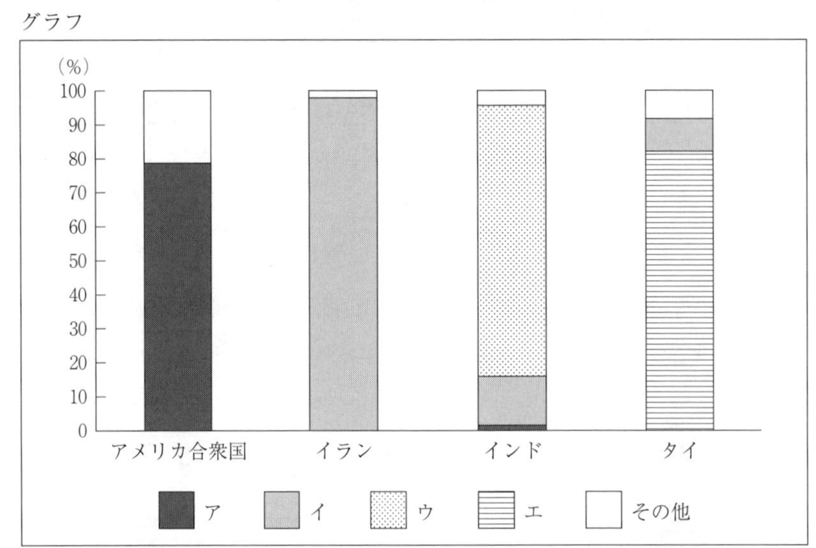

「データブック　オブ・ザ・ワールド　2022年版」より作成

4 明治政府は教育によって人材を養成することにし，全国に小学校がつくられ，日露戦争後に義務教育の期間が6年に延長された。次のア～エは男女の就学率の変化を表したグラフである。このグラフに日露戦争が起こった年を表す線を書き加えたものとして適当なものを，ア～エから一つ選びなさい。(　　　)

(福島県)

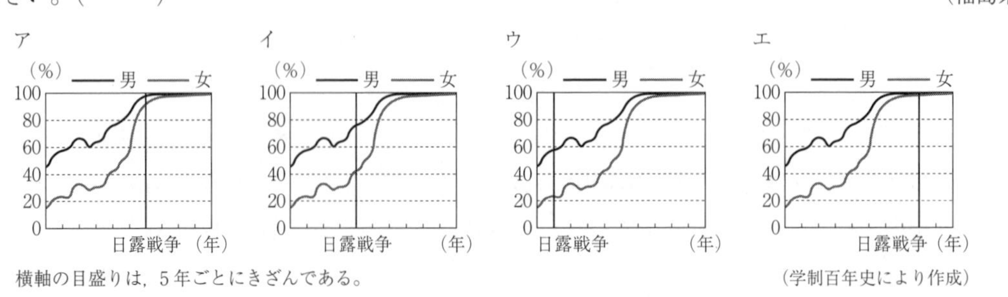

横軸の目盛りは，5年ごとにきざんである。

(学制百年史により作成)

5 次の【説明文】は，大正時代～日中戦争の間の時期に起きた経済の混乱とその対応について述べたものである。【説明文】の X にあてはまる語句と，Y にあてはまる文の組み合わせとして最も適当なものを，あとのア～エから一つ選びなさい。(　　　)　(佐賀県)

【説明文】

> 【資料】では，X の影響を受け，ドイツやアメリカ，イギリスの失業率が上がっていることがわかる。ドイツでは，第一次世界大戦の賠償金と失業者の増大に苦しむなか，ヒトラーが率いるナチ党が支持を得て，Y 。

【資料】 各国の失業率の変化

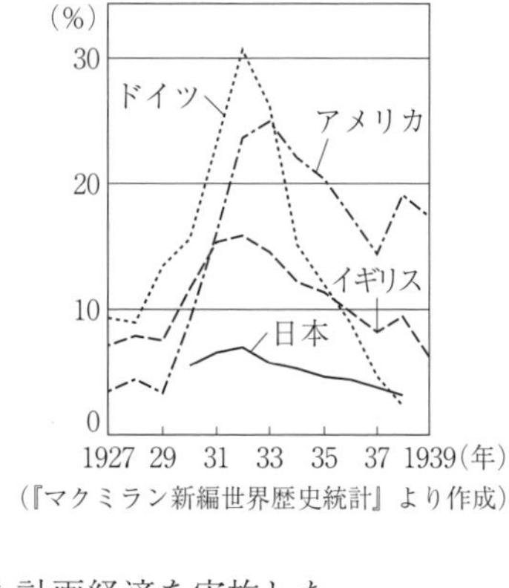

(『マクミラン新編世界歴史統計』より作成)

X にあてはまる語句

a 石油危機　　b 世界恐慌

Y にあてはまる文

c ニューディール政策の一つである「五か年計画」と呼ばれた計画経済を実施した

d ファシズム体制のもと，公共事業を行うとともに軍備の拡張を進めた

ア X—a　Y—c　イ X—a　Y—d　ウ X—b　Y—c

エ X—b　Y—d

6 右のグラフは，選挙権をもつ人の数の変化を示している。1945年に選挙法が改正されたことによって，1951年までの期間に選挙権をもつ人の数が大きく増えた。その理由を説明した次の文中の A ，B にあてはまるものを，あとのア～エから一つずつ選びなさい。

A(　　　) B(　　　)　(島根県)

1925年に A にあたえられていた選挙権が，1945年に B にあたえられることになったから。

ア 満18歳以上の男女

イ 満20歳以上の男女

ウ 満25歳以上の男子

エ 直接国税15円以上を納める満25歳以上の男子

グラフ

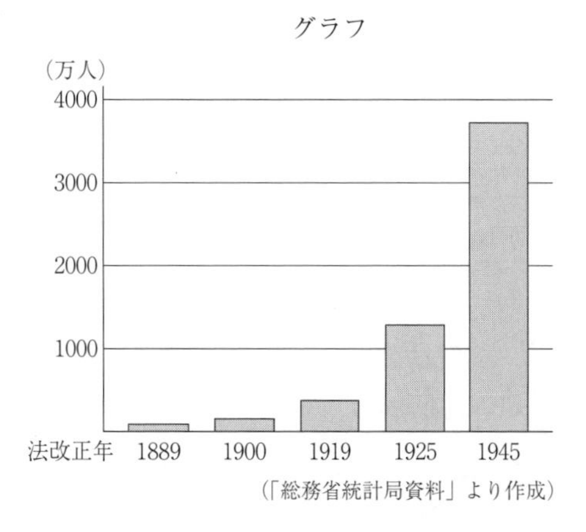

(「総務省統計局資料」より作成)

《類題チャレンジ☆☆》～公民分野・発展演習～

1 ○○社と△△社は，日本企業の2020年度の女性管理職比率は12.9％で，2003年度は5.8％であったことを記事にしたが，資料のように，見出しやグラフに違いが見られた。これに関する下の考察について，［A］～［D］にはあとのア～エのいずれかが入る。［A］，［D］に入るものを，それぞれ一つずつ選びなさい。A（　　）D（　　）　（富山県）

資料

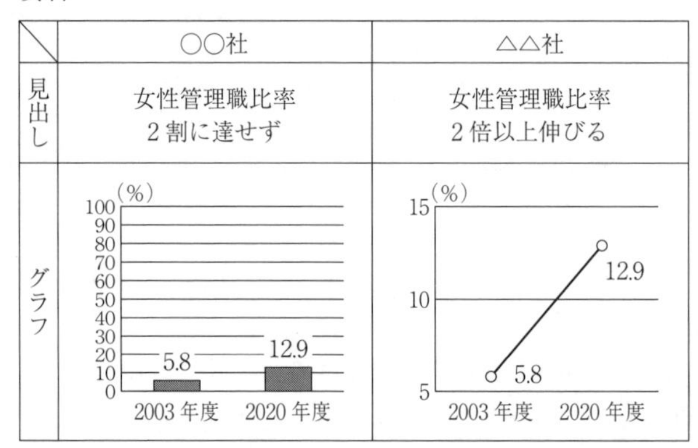

〈考察〉　○○社も△△社も，［A］を取り上げて，見出しやグラフを作っている点は同じである。しかし，［B］に違いがある。その結果，○○社の読者は，2020年度の女性管理職比率の変化に対して［C］な印象をもち，△△社の読者は［D］な印象をもつ者が多いと思われる。こうしたことから私たちは，同じ［A］であっても，［B］によって印象が異なることを理解したうえで，情報を得る必要があると言えそうだ。

ア　肯定的　　イ　否定的　　ウ　事実　　エ　表現

2 次の［A］，［B］に当てはまる言葉の正しい組み合わせを，図とグラフを参考にして，ア～エから一つ選びなさい。（　　）　（岐阜県）

アメリカから日本への旅行者が，1,200ドルを日本円に交換した場合，図の円安のときには［A］になる。したがってグラフの，2012年と2015年を比較すると，一般に，［B］の方が，アメリカから日本へ旅行するには有利であったと考えられる。

ア　A＝96,000円　　B＝2012年
イ　A＝144,000円　　B＝2012年
ウ　A＝96,000円　　B＝2015年
エ　A＝144,000円　　B＝2015年

［図］円高と円安

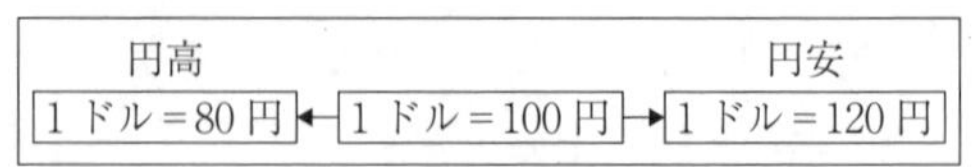

［グラフ］円とドルの為替相場の推移

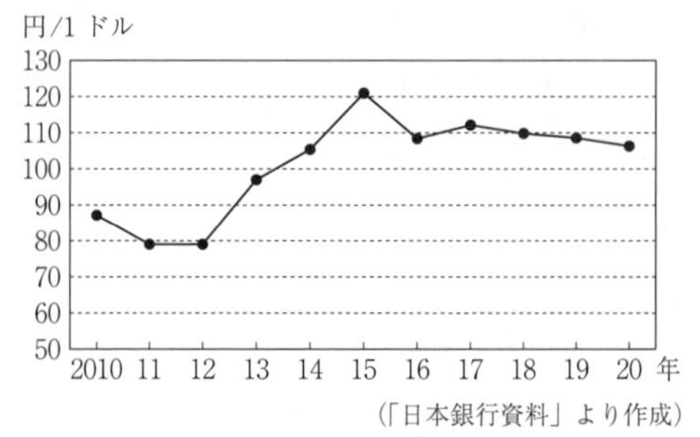

（「日本銀行資料」より作成）

3 地方財政について，グラフのA～Dは国庫支出金，地方交付税（交付金），地方債，地方税のいずれかを示しています。グラフのA，Bに当てはまるものの組み合わせとして正しいものを，あとのア～カから一つ選びなさい。(　　　)
(北海道)

グラフ　各県の歳入項目の内訳

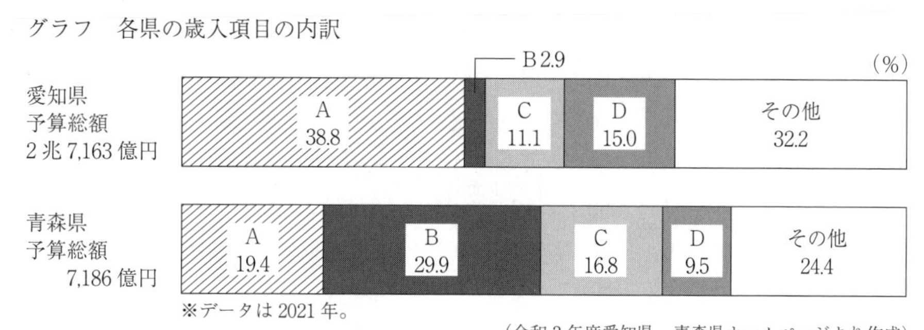

※データは2021年。
(令和3年度愛知県，青森県ホームページより作成)

ア　A―地方税　B―国庫支出金
イ　A―地方交付税（交付金）　B―地方税
ウ　A―地方税　B―地方交付税（交付金）
エ　A―国庫支出金　B―地方税
オ　A―地方債　B―地方交付税（交付金）
カ　A―国庫支出金　B―地方債

4 Sさんは，日本がメキシコとニュージーランドから，かぼちゃを輸入していることに興味をもち調べたところ，次のグラフをみつけました。グラフから読みとれる内容を述べた文として正しいものを，あとのア～オからすべて選びなさい。(　　　)
(埼玉県)

グラフ　東京都中央卸売市場におけるかぼちゃの月別入荷量（2020年）

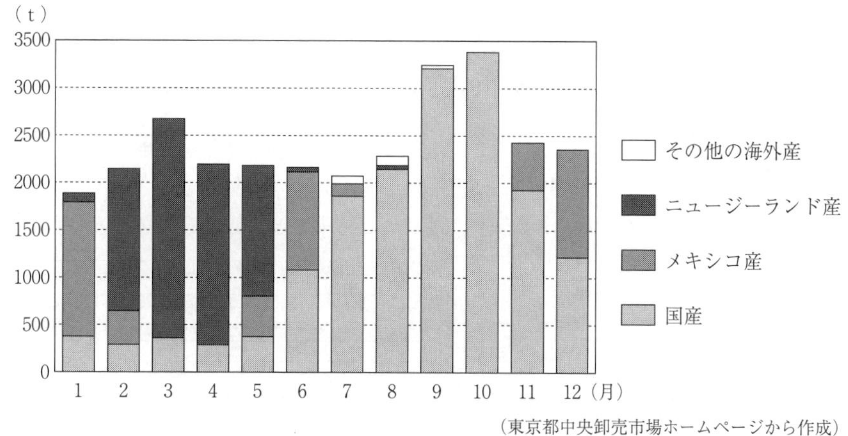

(東京都中央卸売市場ホームページから作成)

ア　1月から12月のうち，メキシコ産の入荷量が，国産の入荷量より多い月はない。
イ　2月から5月は，ニュージーランド産の入荷量が，国産の入荷量より多い。
ウ　11月の入荷量のうち，メキシコ産の入荷量の割合は，10％以下である。
エ　10月の国産の入荷量は，12月の国産の入荷量の2倍以上である。
オ　国産の年間入荷量は，10000tを超えている。

5 世界恐慌について，資料１のア～エはアメリカ，イギリス，日本，ソ連のいずれかを示している。資料２を参考に，日本とソ連にあてはまる国を，資料１のア～エから一つずつ選びなさい。

日本（　　　）　ソ連（　　　）　（福井県）

資料１　各国の工業生産指数の推移

国＼年	1928	1929	1930	1931	1932	1933	1934	1935
ア	93	100	81	68	54	64	66	76
イ	90	100	95	92	98	113	129	142
ウ	94	100	92	84	84	88	99	106
エ	80	100	131	161	183	198	238	293

※1929年を100とする。

（「The Origins and Nature of the Great Slump 1929—1932」より作成）

資料２　世界恐慌の頃の各国の状況

アメリカ：工業生産力は大きく落ち込んだが，ニューディール政策により経済は回復した。
イギリス：関係の深い国や地域を囲い込んでブロック経済を形成し，不況を乗り切ろうとした。
日　　本：財政支出と輸出を増やし，資本主義諸国の中でいち早く不況から立ち直った。
ソ　　連：独自の計画経済を進めていたため，恐慌の影響を受けることなく成長を続けた。

6 次の資料１は，社会科の授業で，ゆきおさんたちが「消費者は商品やサービスを購入する際にどこから情報を得ているのか」をテーマに調べたものであり，資料２は，資料１の［A］～［D］を年齢階級別にまとめものである。また，資料３は，資料１と資料２から読み取ったことがらをまとめたものの一部である。資料１と資料２中の［A］～［D］には，それぞれ共通した項目があてはまる。［A］～［D］にあてはまる項目として最も適当なものを，あとのア～エからそれぞれ一つずつ選びなさい。A（　　　）　B（　　　）　C（　　　）　D（　　　）　（千葉県）

資料１　商品やサービスの購入を検討する際，情報を得ているものとして選択した割合（複数回答）

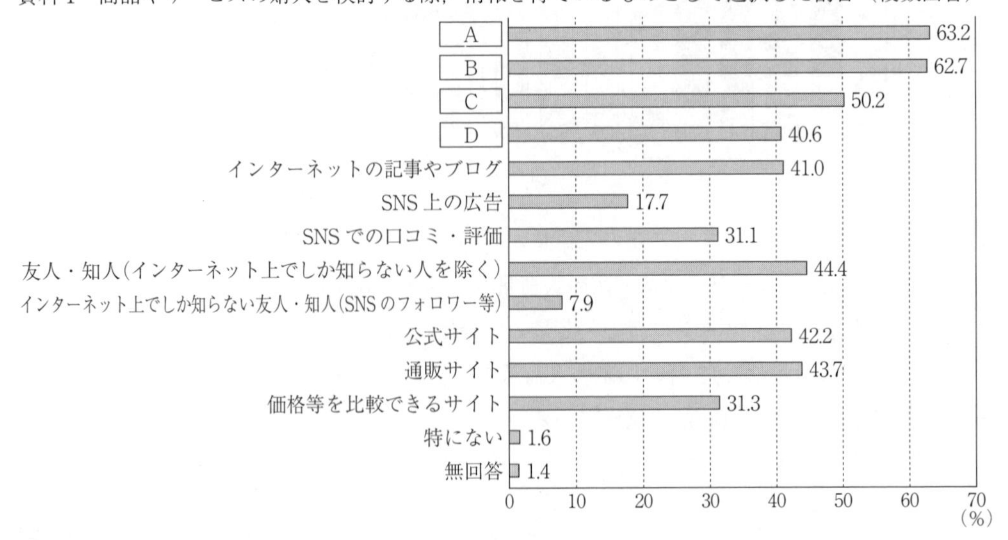

資料２　資料１のＡ～Ｄの項目を選択した割合について年齢階級別にまとめたもの

	Ａ	Ｂ	Ｃ	Ｄ
15～19歳	45.4（%）	52.1（%）	18.3（%）	60.0（%）
20～29歳	60.3（%）	50.8（%）	19.0（%）	57.9（%）
30～39歳	66.1（%）	55.5（%）	29.7（%）	56.6（%）
40～49歳	67.2（%）	58.0（%）	37.7（%）	52.9（%）
50～59歳	66.4（%）	66.8（%）	54.2（%）	48.6（%）
60～69歳	66.1（%）	69.8（%）	64.3（%）	35.0（%）
70～79歳	60.4（%）	67.8（%）	72.0（%）	16.1（%）
80歳以上	54.8（%）	66.2（%）	72.6（%）	5.5（%）

（資料１，資料２とも，消費者庁「令和３年消費者意識基本調査」より作成）

資料３　資料１及び資料２から読み取ったことをまとめたものの一部

・「テレビ・ラジオの番組・広告」の割合は，資料１でみると「インターネット上の広告」より高く，資料２でみると，65％以上の割合で選択されている年齢階級が４つある。
・「店頭・店員」の割合は，資料１でみると「新聞・雑誌等の記事・広告」より高く，資料２でみると，40歳以上は年齢階級が高くなるほど選択される割合が下がっている。
・「インターネット上の広告」の割合は，資料１でみると，「店頭・店員」より低く，資料２でみると，20歳以上50歳未満の年齢階級では50％以上60％未満の割合で選択されている。
・「新聞・雑誌等の記事・広告」の割合は，資料１でみると，「テレビ・ラジオの番組・広告」より低く，資料２でみると，年齢階級が高くなるほど選択している割合が高い。

ア　テレビ・ラジオの番組・広告　　イ　店頭・店員　　ウ　インターネット上の広告
エ　新聞・雑誌等の記事・広告

2 統計資料の読み取り ～論述問題編　大阪府公立高入試形式別問題演習

学習のポイント

大阪府公立高入試においては，統計を読み取った内容などを論述形式で解答させる問題がみられる。このパターンの問題の正答率は低い傾向にあるので，正確に統計を読み取れるようにしておこう！また，部分点が認められることもあるので，無答で終わることのないように心がけよう！

《実際の大阪府公立高入試問題から》

■ 20世紀後半のわが国の経済成長は，人々の生活や地域社会に変化をもたらし，人口の動向に影響を与えた。表は，1965（昭和40）年から1994（平成6）年までにおける，地方圏から三大都市圏への転入者数と三大都市圏から地方圏への転出者数の推移を表したものである。図は，1965年から1994年までにおける，三大都市圏と地方圏の有効求人倍率の推移を表したものである。有効求人倍率とは，企業からの求人数を求職者数で割った値のことであり，求職者一人当たりに何件の求人があるかを表す。次の文は，表，図をもとに，おおむね高度経済成長期に当たる1965年から1974（昭和49）年における，わが国の人口の動向についてまとめたものである。文中の（　　）に入れるのに適している内容を，労働力の状況にふれて，「不足」の語を用いて簡潔に書きなさい。

（　　　　　　　　　　　　　　　　　　　　　　　　　　　　　　　　）

【表，図から読み取れること】

・表より，高度経済成長期は他の時期よりも，「三大都市圏への転入者数」が「三大都市圏からの転出者数」を大きく上回っていることが読み取れる。

・図より，高度経済成長期は他の時期よりも，三大都市圏と地方圏とで就業機会に大きな差があることが読み取れる。

【わが国の人口の動向についてのまとめ】

表，図から読み取れることをもとに，高度経済成長期における三大都市圏と地方圏の間での人口の動向について，三大都市圏と地方圏それぞれの労働力の状況から考えると，労働力に余剰が生じていた（　　　　　）といえる。

表　三大都市圏への転入者数と三大都市圏からの転出者数の推移

	三大都市圏への転入者数(千人)	三大都市圏からの転出者数(千人)
1965～1969年	5,560	3,390
1970～1974年	5,309	4,135
1975～1979年	3,883	3,823
1980～1984年	3,585	3,263
1985～1989年	3,564	2,894
1990～1994年	3,192	3,052

（総務省の資料により作成）

図　三大都市圏と地方圏の有効求人倍率の推移

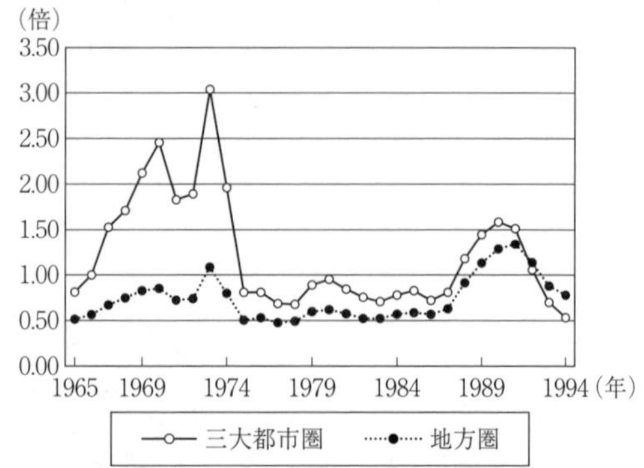

（国土交通省の資料により作成）

（表，図ともに地方圏は三大都市圏に含まれる都府県以外のすべての道県を示す）

【解答を導くヒント】
・「三大都市圏への転入者数」が「三大都市圏からの転出者数」を大きく上回っている
　＝　三大都市圏では，人口が増えることで**過密化**が進み，その他の地方部では人口が減ることで**過疎化**が進んだと考えられる
・三大都市圏と地方圏とで就業機会に大きな差がある
　＝　図から三大都市圏の※有効求人倍率は1965年から1991年まで常に地方圏よりも高く，高度経済成長期の終わりには，3倍を超えている年があることがわかる
（※有効求人倍率をわかりやすく）
…　**企業がハローワーク（公共職業安定所）にエントリーする仕事の数（有効求人数）**
÷　**働きたい人の数（有効求職者数）**で算出する
（例）有効求人数が60，有効求職者数が20の場合，有効求人倍率は，60÷20から3倍となる

［解答］地方圏から労働力が不足していた三大都市圏へ人が移動した（同意可）

《類題チャレンジ☆》～地理・歴史分野～

1　次の表は，1981年から1985年における日本の，アメリカ合衆国への輸出額と，アメリカ合衆国からの輸入額を表したものであり，下の文は，先生がこの表をもとに，日本とアメリカ合衆国との間の貿易摩擦について説明したものである。文中の［　　］に適当な言葉を書き入れて文を完成させよ。ただし，［　　］には，**工業生産・失業者**の二つの言葉を含めること。（愛媛県）

（　　　　　　　　　　　　　　　　　　　　）

（単位：億円）

年	アメリカ合衆国への輸出額	アメリカ合衆国からの輸入額
1981	85,187	55,522
1982	90,152	59,905
1983	101,786	58,553
1984	142,212	63,636
1985	155,827	62,134

（数字でみる日本の100年による）

この頃，アメリカ合衆国へ，多くの日本の工業製品が輸出され，アメリカ合衆国への輸出額とアメリカ合衆国からの輸入額の差は，毎年拡大していました。それにともない，アメリカ合衆国では，［　　　　］ので，日本に対し，輸出入額の差を改善するように強く求めました。

2 バイオマス資源に関して，次の資料Ⅰ・Ⅱは，それぞれ地域の特色を生かしたバイオマス資源の活用の取り組みについて述べたものです。また，あとの文章は，これらの取り組みがバイオマス資源の活用における問題点の解決にどのようにつながっているかについて述べたものです。文章中の［　　　］にはどのような内容が当てはまりますか。資料Ⅰ・Ⅱを基に簡潔に書きなさい。(広島県)

(　　　　　　　　　　　　　　　　　　　　　　　　　　　　)

資料Ⅰ

北海道鹿追(しかおい)町にあるバイオガス発電設備では，町内の乳牛の排せつ物を回収し，微生物による発酵で発生させたバイオガスを利用して発電する。この発電設備には，1日に乳牛約1,300頭分の排せつ物を処理する能力がある。

資料Ⅱ

香川県高松市には多くの製麺所やうどん店が集中しており，工場でうどんを製造する工程で麺の切れ端が出たり，うどん店が時間をおいたうどんを提供しなかったりするために，年間推計6,000トン（小麦粉換算）以上のうどんが廃棄されている。高松市にあるバイオガス発電設備では，廃棄されるうどんを回収し，バイオガス化して発電を行う。

一般的に，動植物に由来するバイオマス資源は薄く広く存在しているため，収集や運搬に高い費用がかかったり，資源の供給が不安定であったりすることなどが，バイオマス資源の活用における問題点である。資料Ⅰ・Ⅱの二つの地域では，ともに地域に［　　　　　］されるため，バイオマス資源が地域内に安定的に供給されている。このことから，これらの取り組みは，バイオマス資源の活用における問題点の解決につながっているといえる。

3 次は，図1と図2をもとに生徒が話し合っている様子である。［ X ］と［ Y ］に入る適切な内容を書きなさい。ただし，［ Y ］は次の語を用いて書きなさい。〔**化石燃料**〕(秋田県)

X(　　　　　　　　　　　　　　　　　　　　　　　　　　　)

Y(　　　　　　　　　　　　　　　　　　　　　　　　　　　)

生徒A：日本の発電量の内訳が，<u>将来，変化していく予測</u>になっているね。

生徒B：図の秋田県のような［　　X　　］取り組みが，全国各地で行われていくからかな。

生徒A：そうだね。このこととあわせて，火力の発電量が減ることによって［　　Y　　］ので，日本のエネルギー自給率の上昇も期待できるんじゃないかな。

図1　日本の発電量とその内訳

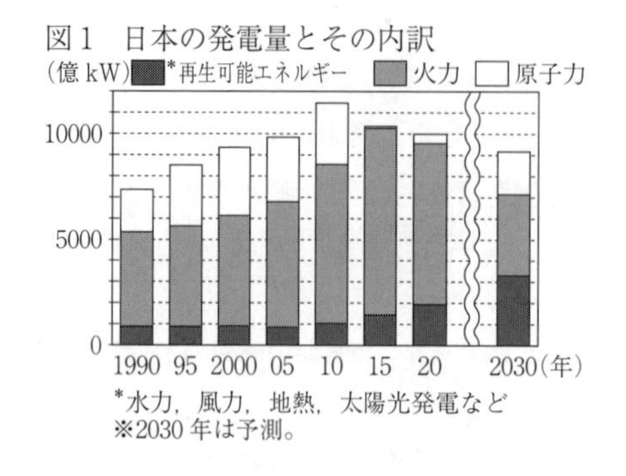

*水力，風力，地熱，太陽光発電など
※2030年は予測。

図2　秋田県の再生可能エネルギー発電量

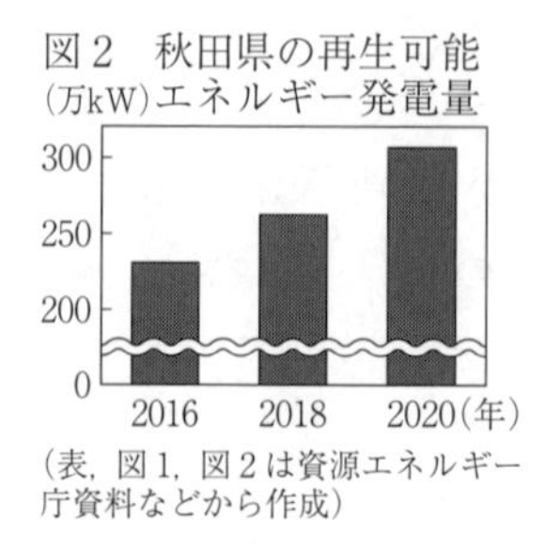

(表，図1，図2は資源エネルギー庁資料などから作成)

4 発表原稿中の下線部に関連して，Hさんは，資料Ⅰ，資料Ⅱを用いてアヘン戦争が起こった原因について考察した。あとのHさんの考察が正しいものとなるように，［　　］に適切な内容をおぎない，文を完成させなさい。（山口県）

（　　　　　　　　　　　　　　　　　　　　　　）

発表原稿

> イギリスで茶が流行すると，中国から多くの茶が輸入されました。やがて，<u>両国の間に貿易上の問題が発生し，アヘン戦争が起こりました</u>。

資料Ⅰ　イギリス・中国・インドの三角貿易（19世紀）

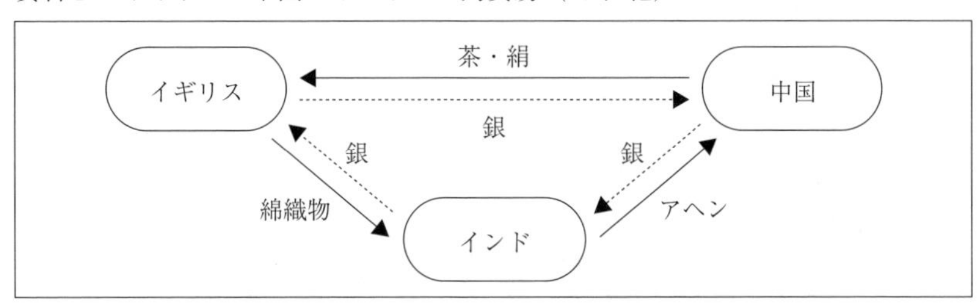

資料Ⅱ　広州における中国のアヘン密輸入額と中国からの銀流出額

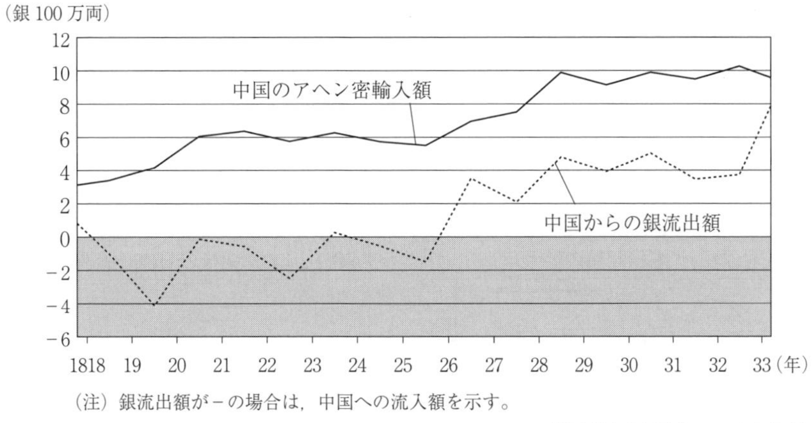

（注）銀流出額が－の場合は，中国への流入額を示す。

（岩波講座世界歴史21により作成）

Hさんの考察

> 三角貿易により，［　　　　　］。そのため，中国がアヘンをきびしく取りしまると，イギリスが中国を攻撃し，アヘン戦争が起こった。

5 次の資料は，1918年から1930年までの我が国の歳出に占める軍事費の割合を表したものである。1924年から1930年にかけて軍事費の割合がそれ以前と比べて低く抑えられているのは，1921年から1922年にかけてアメリカで開催された国際会議での決定が影響している。軍事費の割合が低く抑えられた理由を，その国際会議の名称をあげ，取り決められた内容を説明したうえで，簡潔に書きなさい。（高知県）

（　　　　　　　　　　　　　　　　　　　　　　　　　　　　　　　）

資料

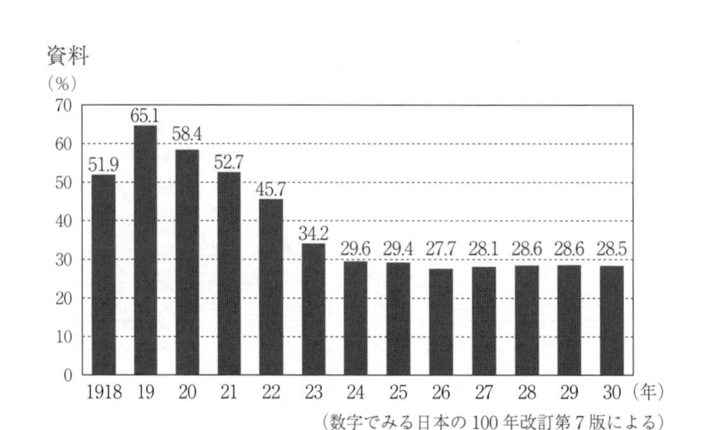

（数字でみる日本の100年改訂第7版による）

6 美琴さんは，復興を遂げた昭和の時代について調べていく中で，資料1，2を見つけ，国民生活の変化について，あとのようにまとめました。資料1，2を関連づけて，[　　　] に入る適切な内容を書きなさい。（宮崎県）

（　　　　　　　　　　　　　　　　　　　　　　　　　　　　　　　）

資料1　電化製品の普及

100 %
80
60
40
20
0
1960　65　70　75　80　85　90年
カラーテレビ
電気洗濯機
電気冷蔵庫
白黒テレビ

（「内閣府資料」より作成）

資料2　戦後の日本の高度経済成長

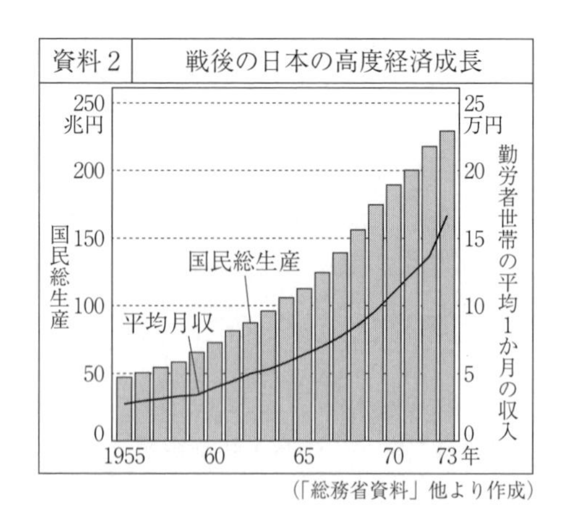

（「総務省資料」他より作成）

美琴さんのまとめ①（一部）
日本の国民生活の変化に着目すると，資料1，2から，戦後，[　　　　　] と考えられる。

《類題チャレンジ☆☆》～公民分野・発展演習～

1　図は，2021 年に実施された衆議院議員総選挙における二つの小選挙区の有権者数を表したものです。この図から読み取れる，小選挙区制の課題の一つを，次の二つの語を用いて，簡潔に書きなさい。（和歌山県）

（　　　　　　　　　　　　　　　　　　　　　　　　　　　）

有権者　　一票

図

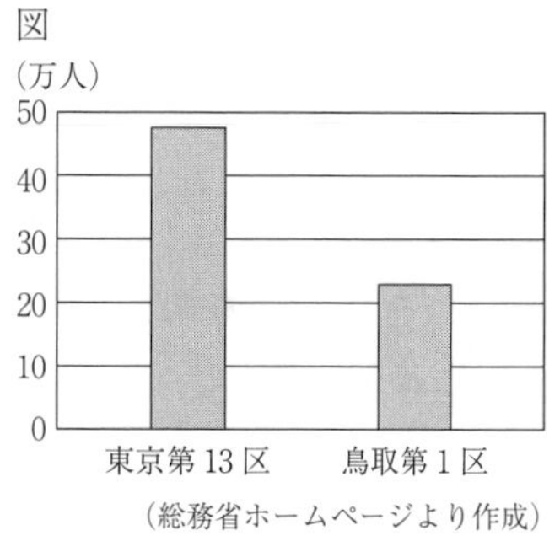

（総務省ホームページより作成）

2　資料 1 は，令和 3 年 10 月 31 日に実施（じっし）された第 49 回衆議院議員総選挙における，有権者の年代別選挙関心度を示したものの一部，資料 2 は，第 49 回衆議院議員総選挙における，年代別投票率を示したものの一部である。18～29 歳の年代の選挙への関わり方にはどのような問題点が見られるか，資料 1，資料 2 からそれぞれ読み取り，「他の年代と比べて，」で始めて，書きなさい。(三重県)

（他の年代と比べて，　　　　　　　　　　　　　　　　　　　　　　　　　　　　　　　　　　）

〈資料 1〉

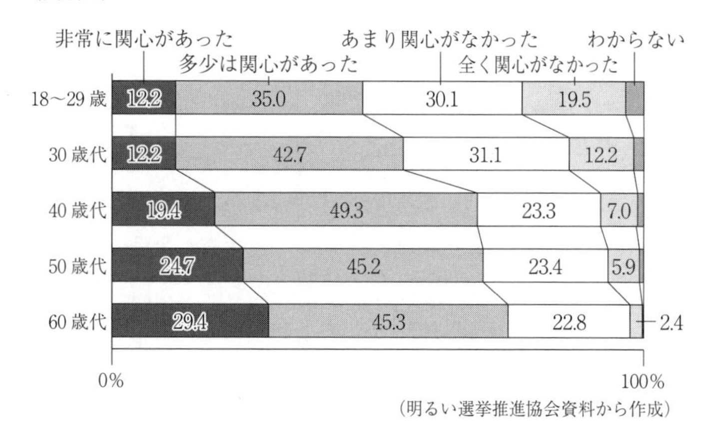

（明るい選挙推進協会資料から作成）

〈資料 2〉

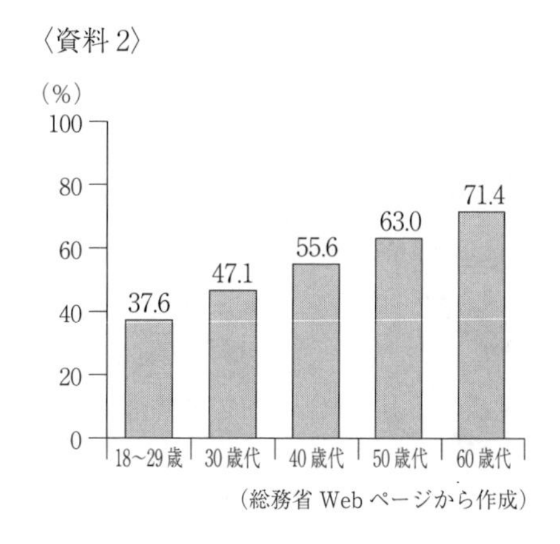

（総務省 Web ページから作成）

3 次の資料は，ある班の生徒たちが所得格差の解消について，授業でディベートを行うために準備したものの一部です。意見に対する反論の根拠として，[ ]に当てはまる内容を，世代間の公平の視点から書きなさい。(　　　　　　　　　　)　(北海道)

資料

> 意見　政府は，これまで以上に国債を発行し続け，歳入を増やして社会保障を充実させ，所得格差を縮小するべきである。

> 反論　政府は，国債を発行し続けることで所得格差を縮小する方法を見直すべきである。なぜなら，表を見ると，[ ]ことになるからである。

表　国債残高の推移

	国債残高(億円)
1997 年度	2,579,875
2007 年度	5,414,584
2017 年度	8,531,789

(「国債等関係諸資料」より作成)

4 かずおさんは，福岡県における交通の状況を調べている際，資料 1 と資料 2 を収集し，考察した内容をあとのようにまとめました。資料 1 は，福岡県における，今後の道路整備計画のイメージ図を示しており，資料 2 は，福岡県の人口上位 5 市の県内における人口割合と面積割合を示しています。まとめ内の[ ]に当てはまる適当な内容を，資料 2 から読み取れる情報にふれながら書きなさい。　(岡山県)

(　　　　　　　　　　　　　　　　　　　　)

資料 1

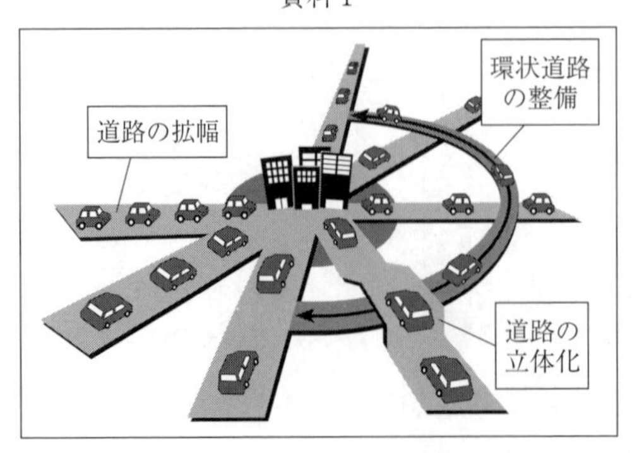

(国土交通省「九州地方 新広域道路交通ビジョン 令和 3 年 7 月」から一部改変して作成)

資料 2

市名	人口割合(%)	面積割合(%)
福岡市	31.4	6.9
北九州市	18.3	9.9
久留米市	5.9	4.7
飯塚(いいづか)市	2.5	4.3
大牟田(おおむた)市	2.2	1.7

(注) 統計年次は，人口割合，面積割合ともに 2020 年。

(「令和 2 年国勢調査」，「令和 2 年全国都道府県市区町村別面積調」から作成)

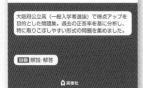

資料１は，福岡県の都市部における交通面での問題を解決するための計画を表している。この計画の背景の一つには，資料２の人口割合と面積割合を比較すると，福岡市のような都市部は，[　　　　　]という現状があることがわかった。次は，私の身近な地域ではどのような問題があるか，その問題を解決するためにどのような取り組みが行われているかを調べたい。そして，何が背景として考えられるかを探っていきたい。

5 次の図１は，日本のラジオとテレビの契約件数の推移を示している。これを見て，あとの由紀さんと先生の会話文を読み，[　P　]，[　Q　]に当てはまる文を，簡潔に書きなさい。　(栃木県)

P（　　　　　　　　　　　　　　　　　　　　　　　　　　　　　　　）

Q（　　　　　　　　　　　　　　　　　　　　　　　　　　　　　　　）

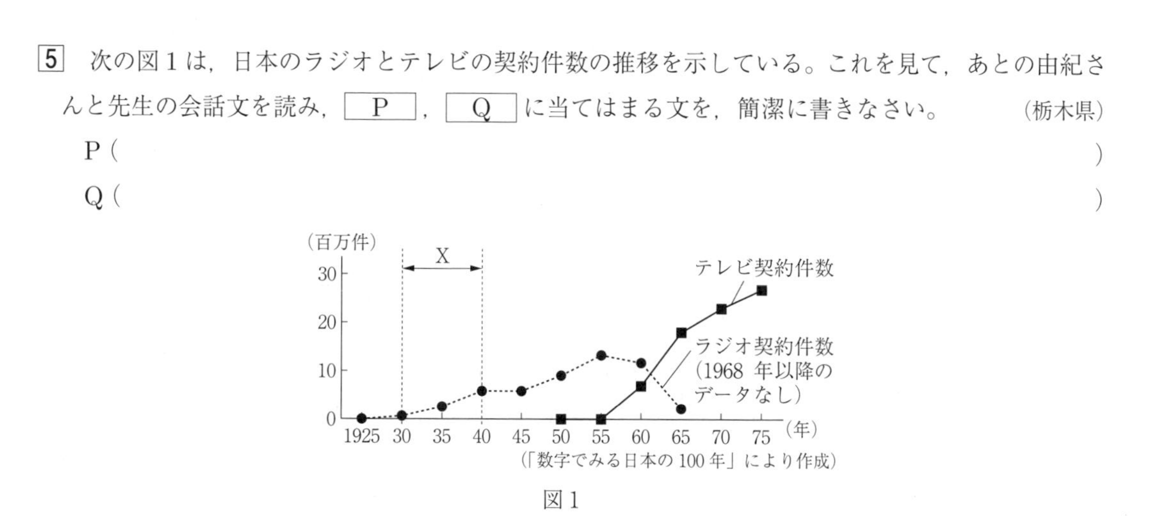

図１

由紀：「1925 年に放送がはじまったラジオは，図１の X の時期に契約件数が増加しています。このことは，文化の大衆化に何か関係があるのですか。」

先生：「1925 年にラジオ放送局は東京，大阪，名古屋にしかなく，ラジオ放送を聴ける範囲はその周辺地域に限られていました。しかし，1934 年には，同一のラジオ放送を聴ける範囲が全国に広がりました。このように変化した理由を，図２から考えてみましょう。」

由紀：「[　P　]からですね。その結果，東京の番組を地方の人も聴くことができるようになったのですね。」

先生：「そうですね。次は図３を見てください。図３は 1931 年のラジオ放送の番組表の一部です。どのような人々に向けてどのような番組が放送されたかに着目して，文化の大衆化について考えてみましょう。」

由紀：「図３を見ると[　Q　]ことが読み取れるので，ラジオが文化の大衆化に影響を与えたと考えられます。」

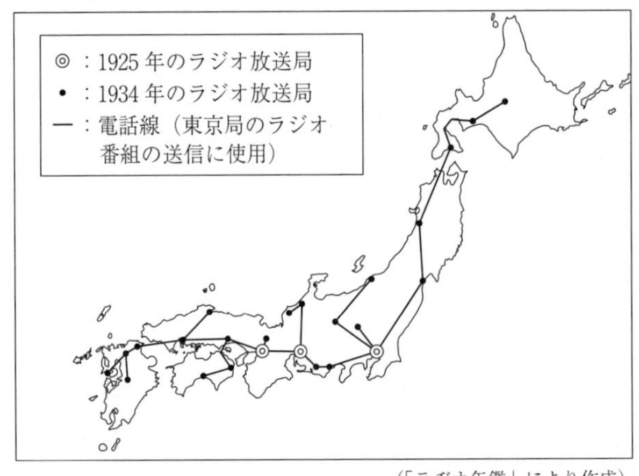

（「ラヂオ年鑑」により作成）

図2

時刻	番組
9：00	天気予報
9：10	料理
9：30	童謡
10：00	修養講座
11：00	講演
12：30	ニュース
12：40	日本音楽
13：25	管弦楽
14：00	琵琶
14：30	映画物語

（「日刊ラヂオ新聞」により作成）

図3

6　夏美さんは，アフリカ州の課題の解決に向けて，日本の政府開発援助による様々な支援が行われていることを知った。次の［　　］内は，夏美さんが着目した支援についてまとめたメモである。資料は，地域別人口の推移と予測を示したものである。【A】の支援だけではなく，【B】の支援が行われているのはなぜか。その理由を，メモと資料から読み取れるアフリカ州の課題に触れながら，簡潔に書け。（奈良県）

（　　　　　　　　　　　　　　　　　　　　　　　　）

【A】 自然災害や紛争などにより，深刻な危機に直面しているアフリカ州の国に対し，食料事情や栄養状態の改善を目的として，食料等の援助を行っている。

【B】 農業の専門家を相手国に派遣し，アフリカ州各地の自然条件に適合するように開発された，収穫量が多く，干ばつに強い等の特長がある稲の栽培指導を行っている。また，各国からの研修員を日本国内で受け入れることで，栽培技術の普及に努めている。

［資料］

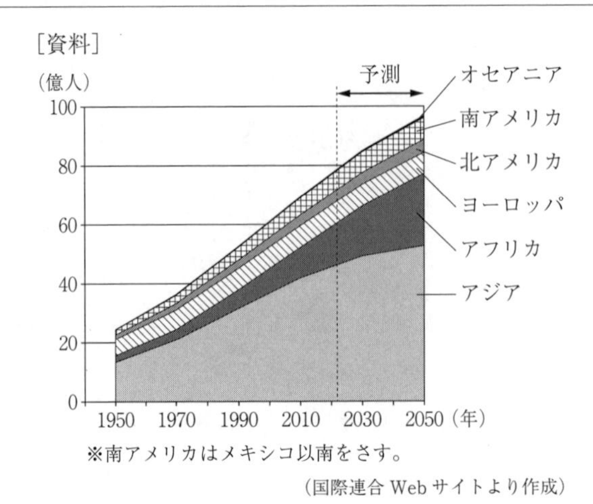

※南アメリカはメキシコ以南をさす。

（国際連合 Web サイトより作成）

3 文章の穴埋め問題

大阪府公立高入試形式別問題演習

学習のポイント

大阪府公立高入試においては，語句や事項，事象，統計読解の結果などを説明した文章の途中に空欄が設定されており，その空欄に合わせた言葉などを解答させる問題が多くみられる。空欄の前後に解答のヒントがあることも多いので，文章全体をしっかりと読むことを心がけよう！

《実際の大阪府公立高入試問題から》

❶ わが国は肉類や魚介類，穀物類などの食料品を多く輸入している。次の文は，食料品の輸入にかかわることがらについて述べたものである。文中の［ A ］に当てはまる語を**漢字3字**で書きなさい。

（　　）

国内で消費する食料全体のうち，国内生産によってまかなえる量を示す割合は「食料［ A ］」と呼ばれている。わが国の「食料［ A ］」は2010（平成22）年以降40％を下回り，品目別でみると，米は100％に近い一方で小麦は10％台となっている。

❷ 次の文は，中国の歴史書に記された日本のようすについて述べたものである。文中のⓐ〔　〕，ⓑ〔　〕から適切なものをそれぞれ一つずつ選び，記号を○で囲みなさい。

ⓐ（ア　イ）　ⓑ（ウ　エ）

・弥生時代のころの日本のようすが中国の歴史書に記されている。中国の歴史書によると，当時の日本はⓐ〔ア　魏（ぎ）　イ　倭（わ）〕と呼ばれていた。

・『漢（かん）書』と呼ばれる歴史書によると，紀元前1世紀ごろ，100あまりの小国に分かれていた。『後漢書』と呼ばれる歴史書によると，1世紀中ごろ，小国の一つであった奴（な）の国王が漢に使いを送り，皇帝から印を与えられた。1784年に現在のⓑ〔ウ　佐賀県　エ　福岡県〕の志賀島（しかのしま）で発見された金印は，『後漢書』に記された印の実物とされており，現在は国宝となっている。

❸ 19世紀半ば，アメリカ合衆国では工業化がすすむ中，南部の州と北部の州が対立するようになった。次の文は，南部と北部の対立について述べたものである。文中の［ ⓐ ］に当てはまる人名を書きなさい。また，文中のⓑ〔　〕から適切なものを一つ選び，記号を○で囲みなさい。

ⓐ（　　）　ⓑ（ア　イ）

アメリカ合衆国では，奴隷制度や貿易に関する政策をめぐって南部と北部で対立が激しくなり，1861年に南北戦争が始まった。南北戦争中にアメリカ合衆国の第16代大統領であった［ ⓐ ］は，1863年に奴隷解放を宣言し，［ ⓐ ］の指導の下，ⓑ〔ア　南部　イ　北部〕側が勝利した。

【解答を導くヒント】

❶ まずは，**漢字３字の指定**があることに注意（指定を守らなければ得点はできないので）

〈品目別の食料自給率〉

（高）米98%，鶏卵97%，野菜類79%

（中）牛乳・乳製品63%，肉類53%

（低）果実類39%，小麦17%，豆類8%

（データは2021年のもの）

❷ⓐ 『魏志』倭人伝が，魏（中国）の歴史書『魏志』の一部で，「倭人伝」は，倭（日本）人について記していること，などから考えるとよい

ⓑ 志賀島は，**博多湾**の北部に位置する島で，砂州によって陸続きとなっている

❸ⓐ リンカンは，奴隷解放宣言を発表し，ゲティスバーグでの演説で「人民の，人民による，人民のための政治」を訴えた

ⓑ 北部は奴隷解放とともに保護貿易を提唱し，アメリカの産業革命を進めようとしていた

［解答］❶ 自給率 ❷ ⓐ イ ⓑ エ ❸ ⓐ リンカン ⓑ イ

《類題チャレンジ☆》～地理・歴史分野～

1 里菜さんのまとめについて，あとの問いに答えなさい。（山形県）

【里菜さんのまとめ】

○ 日本列島は，標高の高い山々や火山がつらなっており，陸地の約 ① が山地や丘陵地である。

○ 日本列島の中央部にあたる地域にある ② を境にして，日本の山地や山脈は，並ぶ方向が異なっている。

まとめ内の ① ， ② にあてはまる言葉の組み合わせとして最も適切なものを，次のア～エから一つ選びなさい。（　　）

ア ① 4分の3 ② フォッサマグナ　イ ① 2分の1 ② フォッサマグナ

ウ ① 4分の3 ② カルデラ　エ ① 2分の1 ② カルデラ

2 次の ＿＿ に当てはまる言葉を書きなさい。（　　栽培）（岐阜県）

長野県の高原野菜の栽培では，夏でも冷涼な気候を利用して，他の温暖な地域と出荷時期をずらし，高い価格で販売できるように工夫している。また，愛知県の電照菊の栽培では，夜間に照明を当てて，花の開く時期を遅らせ，秋から冬にかけて出荷するように工夫している。このように，他の産地より出荷時期を遅らせる栽培方法を ＿＿ という。

3 絵里さんは，言語に興味を持ち，ヨーロッパのさまざまな言語について調べた。次の文章は，絵里さんがヨーロッパのさまざまな言語についてまとめたものの一部である。文章中の［A］～［C］に入るものの組み合わせとして最も適当なものを，あとのア～エから一つ選びなさい。

（　　）（京都府）

ヨーロッパのさまざまな言語は大きく3つの系統に分けられ，例えば英語は［A］系言語に分類され，イタリア語は［B］系言語に分類される。また，イタリア語と同じ［B］系言語に分類される［C］語は，16世紀に［C］人が進出した南アメリカ大陸において，現在，多くの国で公用語とされている。

ア　A　ゲルマン　　B　ラテン　　C　スペイン
イ　A　ゲルマン　　B　ラテン　　C　フランス
ウ　A　ラテン　　B　ゲルマン　　C　スペイン
エ　A　ラテン　　B　ゲルマン　　C　フランス

4 結衣さんは，ブラジルにおける農地開発について調べ，発表した。次の文中の［　］に当てはまる語として適切なものを，あとのア～エから一つ選びなさい。（　　）（群馬県）

ブラジルでは，［　］肉の生産が盛んで，2020年において生産量は世界第2位です。しかし，［　］を飼育するための牧場は，多くが熱帯林を伐採して作られました。生産された肉は多くが輸出され利益を上げていますが，牧場の開発によって減少する熱帯林の保護が課題となっています。

ア　羊　　イ　豚　　ウ　牛　　エ　ヤギ

5 Gさんは，郊外と都心部との間で移動する人が多いことを，データを示しながら発表した。次は，Gさんが使用した発表原稿の一部である。文中の［　］にあてはまるデータとして最も適切なものを，あとのア～エから一つ選びなさい。（　　）（山口県）

大都市では，郊外と都心部との間で通勤・通学などにより移動する人が多くいます。郊外と都心部の［　］を調べると，郊外では通勤・通学などで流入する人よりも流出する人のほうが多く，都心部ではその逆の傾向を示すことがわかります。

ア　人口密度　　イ　昼間人口と夜間人口のちがい　　ウ　産業別人口の割合
エ　65歳以上人口の割合

6 次の会話文は，宇都宮市に住む一郎さんと，ロンドンに住む翔平さんのオンラインでの会話である。文中の［ Ⅰ ］，［ Ⅱ ］に当てはまる語の組み合わせとして正しいのはどれか。一つ選びなさい。(　　　)　(栃木県)

一郎：「日本とイギリスでは，どのくらい時差があるのかな。」

翔平：「12 月の今は，イギリスの方が日本よりも 9 時間［ Ⅰ ］いるよ。」

一郎：「ロンドンは宇都宮市よりも緯度が高いけれど，宇都宮市の冬とどのような違いがあるのかな。」

翔平：「ロンドンは，宇都宮市よりも日の出から日の入りまでの時間が［ Ⅱ ］よ。」

ア　Ⅰ—進んで　Ⅱ—長い　イ　Ⅰ—進んで　Ⅱ—短い　ウ　Ⅰ—遅れて　Ⅱ—長い
エ　Ⅰ—遅れて　Ⅱ—短い

7 16 世紀の商業や手工業，流通の発達について述べた次の文の［ X ］，［ Y ］にあてはまることばの組み合わせとして最も適当なものはどれか。一つ選びなさい。(　　　)　(鹿児島県)

資料は，『洛中洛外図屏風』の中に描かれている 16 世紀後半の祇園祭のようすである。平安時代から行われているこの祭は，1467 年に始まった［ X ］で中断したが，京の有力な商工業者である［ Y ］によって再興され，現在まで続いている。

ア　X　応仁の乱　Y　惣
イ　X　応仁の乱　Y　町衆
ウ　X　壬申の乱　Y　惣
エ　X　壬申の乱　Y　町衆

資料　洛中洛外図屏風

(米沢市上杉博物館蔵)

8 次の文は，木簡に記されている文字を書き出したものであり，木簡は，地方の特産品が税として納められた際に，荷札として使われたものであることがわかった。文中の［　　］に当てはまる語句として，最も適当なものを，あとのア～エから一つ選びなさい。(　　　)　(新潟県)

(表)　伊豆国賀茂郡三島郷戸主占部久須理戸占部広庭［　　］麁堅魚 拾 壹斤
(裏)　拾 両　　員十連三節　　天 平 十八年十月

(注)　麁堅魚：カツオの加工品

ア　租　イ　調　ウ　庸　エ　年貢

9 次の文は，ある人物について述べたものの一部である。正しい文になるように，文中の①・②について，ア・イのいずれかをそれぞれ選びなさい。①(　　　)　②(　　　)　(徳島県)

大久保利通らと意見が対立して政府を去った①［ア　大隈重信　　イ　板垣退助］は，民撰議院設立の建白書を政府に提出し，国民が選んだ議員がつくる国会の早期開設を要求した。その後，政府が国会を開くことを約束すると，1881年，国会開設に備え，みずからを党首とする②［ア　自由党　イ　立憲改進党］を結成した。

10 令子さんは，大正時代に起こった民衆の政治運動について右のメモにまとめた。(X)，(Y) に当てはまる言葉の組み合わせとして適切なものを，次のア～エから一つ選びなさい。(　　　)　(奈良県)

藩閥や軍部の支持を受け成立した (X) 内閣に対して，(Y) ことを求める人々が国会議事堂を取り囲み，退陣を要求した。

ア　X　加藤高明　　Y　憲法にもとづく政治を守る
イ　X　加藤高明　　Y　憲法を制定する
ウ　X　桂太郎　　Y　憲法にもとづく政治を守る
エ　X　桂太郎　　Y　憲法を制定する

11 次の資料は，みらいさんがGHQによる民主化政策についてまとめたノートの一部である。ノート中の［ a ］・［ b ］に当てはまることばの組み合わせとして正しいものを，あとのア～エから一つ選びなさい。(　　　)　(高知県)

資料

【GHQ（連合国軍総司令部）による民主化政策】
産業や経済の民主化を進めるために，［ a ］を実施するとともに，地主の耕地を買いあげ，小作人に安く売りわたす［ b ］を行いました。

ア　a—欧化政策　　b—地租改正　　イ　a—欧化政策　　b—農地改革
ウ　a—財閥解体　　b—地租改正　　エ　a—財閥解体　　b—農地改革

12 次の文章は1955年にインドネシアで開催された，ある会議について述べたものである。次の文章中の［　　］に当てはまる会議の名前を書きなさい。(　　　)　(山梨県)

29か国の代表が，インドネシアに集まり［　　］を開いた。この会議では，民族の独立と平和共存を柱とする平和十原則が決議された。

《類題チャレンジ☆☆》～公民分野・発展演習～

1 次の文章は，人権を保障するための考え方と日本国憲法の内容について述べたものです。この文章中の［a］・［b］に当てはまる語はそれぞれ何ですか。あとのア～エの組み合わせから最も適切なものを一つ選びなさい。(　　　)　(広島県)

国の政治の基本的なあり方を定める憲法によって国家権力を制限して，人権を保障するという考え方を，［a］という。そして，日本国憲法では，［b］であるこの憲法に違反する法律などは無効であることや，天皇または摂政及び国務大臣，国会議員，裁判官その他の公務員はこの憲法を尊重し擁護する義務を負うことが定められている。

ア　a　資本主義　b　国際法規　イ　a　資本主義　b　最高法規
ウ　a　立憲主義　b　国際法規　エ　a　立憲主義　b　最高法規

2 次の説明文は，憲法改正の手続きについて述べたものです。説明文中の［X］，［Y］にあてはまる語の組み合わせとして正しいものを，あとのア～エから一つ選びなさい。(　　　)

(和歌山県)

説明文

日本国憲法の改正には，まず衆議院と参議院それぞれの総議員の［X］の賛成で国会が憲法改正案を国民に発議します。次に，国民投票が行われ，有効投票の［Y］の賛成で，憲法は改正されることになります。

ア　X―過半数　Y―3分の2以上　イ　X―過半数　Y―過半数
ウ　X―3分の2以上　Y―3分の2以上　エ　X―3分の2以上　Y―過半数

3 法律を国会で制定できるのは，日本国憲法で次のように国会の地位が定められているからである。次の条文中の［　］に当てはまる最も適切な語句を，漢字で書きなさい。(　　　)　(長野県)

第41条　国会は，国権の最高機関であって，国の唯一の［　］である。

4 経済について，次の文中のPについて，(　　)のア，イから適切なものを一つ選びなさい。また，［X］に入る語句を，**漢字3字**で書きなさい。P(　　　)　X(　　　)　(富山県)

人間の欲求が無限であるのに対し，資源は有限であるため，資源は$_P$(ア　充足　イ　不足)した状態にあるといえる。このことを［X］という。［X］の中で，資源をどう使ったら人々の生活が豊かになるのかを，経済では課題としている。

5 次の文は，政府が行う財政政策について述べたものです。あとのア～エのうち，文中の（ X ），（ Y ）にあてはまることばの組み合わせとして正しいものはどれですか。一つ選びなさい。

（　　）（岩手県）

政府は，不況のときには公共投資を（ X ）させたり，（ Y ）したりすることで，景気を回復させようとする。

ア　X：増加　Y：減税　イ　X：減少　Y：減税　ウ　X：増加　Y：増税

エ　X：減少　Y：増税

6 貧困や食料問題について述べた次の【説明文】の X と Y にあてはまる語句の組み合わせとして最も適当なものを，あとのア～エから一つ選びなさい。（　　）（佐賀県）

【説明文】

世界全体としては，人々が十分に食べられるだけの食料が生産されているにもかかわらず，世界人口のおよそ9人に1人が栄養不足によって飢餓（きが）状態にある。その一方で，先進国には，食料が偏って配分されてしまい， X という問題が発生している。「貧困」や「飢餓」の問題を改善するために活動しているのが Y である。「飢餓のない世界」を目指して行う世界117の国と地域への支援は，命を救い，生活を変えるための幅広い活動が含まれる。

ア　X—人口減少　Y—WHO（世界保健機関）

イ　X—人口減少　Y—WFP（国連世界食糧計画）

ウ　X—食品ロス（食品廃棄）　Y—WHO（世界保健機関）

エ　X—食品ロス（食品廃棄）　Y—WFP（国連世界食糧計画）

7 夕夏さんは，インドネシアの宗教について調べ，資料を作成しました。資料の □ に入る内容として最も適切なものを，あとのア～エから一つ選びなさい。（　　）（宮崎県）

資料	インドネシアの宗教
	インドネシアで約9割の人が信仰する宗教は，酒や豚肉を口にせず，年に約1か月の間，昼間の断食を実行するという決まりがある。また，この宗教は， □ という特徴がある。

ア　主に東南アジアや東アジアに広がっている

イ　特定の民族や地域と強く結びついて信仰されている

ウ　1日に5回，聖地の方角を向いてお祈りをする

エ　聖書を読むことを大切にし，日曜日には教会に行く

8 くすおさん家族とみやこさんは，福岡県の北九州市を訪れた。次の会話文は，二人が北九州市の環境に対する取り組みについて話したものである。会話文中の［　　］にあてはまる語句をカタカナで書きなさい。(　　　)　(佐賀県)

みやこ：北九州市は，環境調和型，資源循環型社会を目ざすまちづくりをおこなっていると，学校の授業で習ったよ。1997年には国から［　　］事業の承認を受け，臨海部にはペットボトルやパソコン，自動車部品などの廃棄物をリサイクルする工場を集めた［　　］が形成されていると先生が言っていたよ。

くすお：そうだね。北九州市はかつて公害に悩まされた時期があるんだ。この経験から北九州市の企業は，技術の改良によって環境に負担をかけない産業や生産技術の開発に努めてきたんだ。

みやこ：そうね。つまり，北九州市は「持続可能な社会」を実現しようとしているんだね。

9 1800年頃にラクスマンは，［X］に来航し，［　Y　］。［X］，［Y］にそれぞれ当てはまる言葉の組み合わせとして適当なものを，ア～エから一つ選びなさい。(　　　)　(愛媛県)

ア　X　根室(ねむろ)
　　Y　日本の開国を求める，アメリカ大統領の国書を幕府に渡した

イ　X　根室
　　Y　日本人漂流民を送り届けるとともに，日本との通商を要求した

ウ　X　浦賀(うらが)
　　Y　日本の開国を求める，アメリカ大統領の国書を幕府に渡した

エ　X　浦賀
　　Y　日本人漂流民を送り届けるとともに，日本との通商を要求した

10 右のカードについて話し合っている次の会話文中の［　　］に共通して当てはまる内容を，**5字以内**で書きなさい。［　　　　　］　(茨城県)

カード
政府を去った板垣退助(いたがきたいすけ)らは専制政治を非難し，民撰議院設立(みんせんぎいんせつりつ)(の)建白書(けんぱくしょ)を提出した。こうして，自由民権運動が始まった。日本各地にこの運動が広がっていった。

次郎：板垣退助たちが，民撰議院設立の建白書を出して，［　　］ことを求めたのは，なぜだろう。

良子：それまでは少数の人の意見で政治が行われていたからじゃないかな。

次郎：なるほど。このことをきっかけとして，国民が政治に参加することを求めて，自由民権運動が始まったんだね。

良子：その後，自由民権運動は各地に広まり，1881年，政府は1890年に［　　］ことを約束したんだね。

11 債券の一つに国債がある。国債は，政府がお金を$_a$（ア　貸した　　イ　借りた）ことを表す証明書である。日本銀行は，景気（経済）の安定を図るため，金融政策の手段の一つである［ b ］により，銀行との間で国債などを売買し，通貨量を調整することがある。aの（　　）の中から適当なものを一つ選びなさい。また，［ b ］に当てはまる語を書きなさい。a（　　　）b（　　　）

（熊本県）

12 Kさんは，環境問題に対する国際社会の取り組みについて調べ，次の文章を作成した。この文章中の［ あ ］，［ い ］にあてはまる語句の組み合わせとして最も適するものを，あとのア～カの中から一つ選びなさい。（　　　）

（神奈川県）

1997年の第3回気候変動枠組条約締約国会議で京都議定書が採択されましたが，当時世界で最も多くの温室効果ガスを排出していた［ あ ］が早期に離脱するといった課題がありました。2015年には，［ い ］等の内容を盛りこんだパリ協定が採択されました。

ア　あ：アメリカ合衆国
　　い：温室効果ガスの削減目標の提出をすべての国に義務づける

イ　あ：アメリカ合衆国
　　い：温室効果ガスの排出量の削減を先進国に義務づける

ウ　あ：中華人民共和国
　　い：温室効果ガスの削減目標の提出をすべての国に義務づける

エ　あ：中華人民共和国
　　い：温室効果ガスの排出量の削減を先進国に義務づける

オ　あ：ロシア連邦
　　い：温室効果ガスの削減目標の提出をすべての国に義務づける

カ　あ：ロシア連邦
　　い：温室効果ガスの排出量の削減を先進国に義務づける

4　地図･写真･資料などを使った問題　大阪府公立高入試形式別問題演習

学習のポイント

大阪府公立高入試においては，地図，写真，資料などを読み取ったうえで解答を導き出さなければならない問題が多くみられる。学習する際には，教科書だけでなく，地図帳や資料集・史料集も利用することを心がけよう！

《実際の大阪府公立高入試問題から》

❶　わが国は原材料を輸入し，製品に加工して輸出する加工貿易を行ってきた。京葉工業地域は，輸入した石油（原油）などを原料として化学製品を製造する石油化学工業がさかんである。次のア～エの地図のうち，京葉工業地域が含まれる地図はどれか。一つ選び，記号を○で囲みなさい。

（ア　イ　ウ　エ）

ア
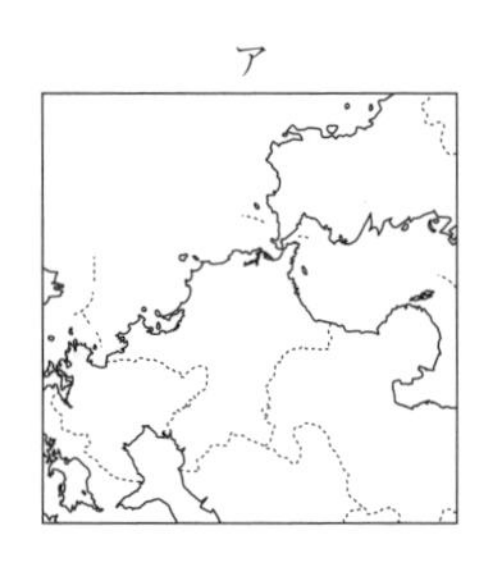
イ
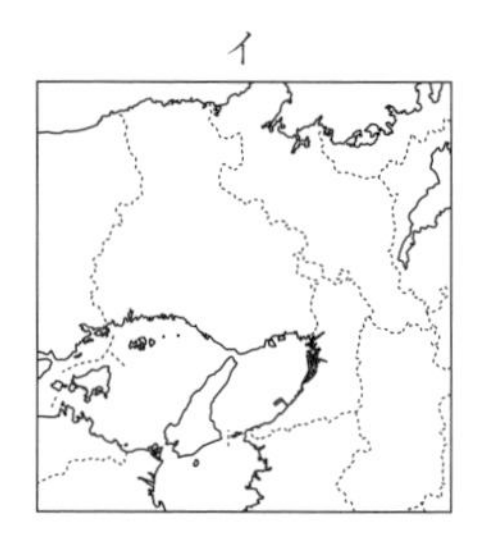
ウ

エ

（……… は県界を示す）

❷　右の絵は，明治時代初期の東京のまちのようすを描いた絵の一部である。次の文は，右の絵にみられるような明治時代初期のようすについて述べたものである。文中の［ⓐ］に当てはまる語を書きなさい。また，［ⓑ］に当てはまる語を**漢字4字**で書きなさい。

ⓐ(　　　)　ⓑ(　　　)

1868（明治元）年に出された詔勅により，［ⓐ］は東京に改称された。欧米の思想や制度とともに，人々の日常生活の中に欧米の文物が取り入れられ，上の絵にみられるように生活様式の洋風化がすすんだ。明治時代初期から始まったこうした風潮は［ⓑ］と呼ばれ，その後，明治政府は条約改正に向けて欧化主義と呼ばれる政策をおしすすめた。

❸　司法権は，法にもとづいて裁判を行う裁判所が担当している。図Ⅰ，図Ⅱはそれぞれ，わが国の三審制のしくみを模式的に表したものである。次の文は，わが国の三審制について述べたものである。文中のⓐ〔　　〕，ⓑ〔　　〕から適切なものをそれぞれ一つずつ選び，記号を○で囲みなさい。また，文中の［ⓒ］，［ⓓ］に当てはまる語をそれぞれ**漢字2字**で書きなさい。

ⓐ(ア　イ　ウ)　ⓑ(エ　オ　カ)　ⓒ(　　　)　ⓓ(　　　)

・裁判で判決内容に不服があった場合には，より上級の裁判所で再度裁判を行うよう申し立てることができる。図Ⅰ，図Ⅱ中のAで示した，第一審から第二審への申し立てはⓐ〔ア　控訴(こうそ)　イ　再審　ウ　上告〕と呼ばれており，図Ⅰ，図Ⅱ中のBで示した，第二審から第三審への申し立てはⓑ〔エ　控訴　オ　再審　カ　上告〕と呼ばれている。

・一般に，裁判は取り扱う内容によって大きく二つに分けられる。その二つのうち，個人間の紛争や企業間の紛争などを解決する裁判は，［ⓒ］裁判と呼ばれ，図Ⅰは［ⓒ］裁判における三審制のしくみを表している。もう一つは，犯罪の犯人だと疑われている人の有罪・無罪などを決める裁判であり，［ⓓ］裁判と呼ばれ，図Ⅱは［ⓓ］裁判における三審制のしくみを表している。

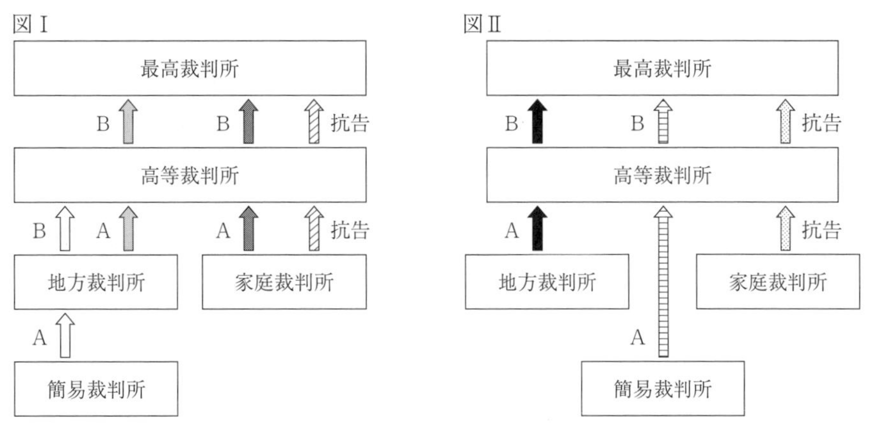

（注）抗告＝決定や命令など判決以外の裁判について，その裁判に対して不服を申し立てる手続きのこと。

【解答を導くヒント】

❶　京葉工業地域は，千葉県西部の東京湾岸に広がる工業地域

　　→　東京湾に面していることがヒントとなる

　　　アには洞海湾など，イには大阪湾など，ウには伊勢湾などが示されている

❷ⓐ　1868年に勝海舟と西郷隆盛の話し合いによって無血開城が決まった江戸城は，のちに東京へと移動した天皇の住まいとなり，皇居と呼ばれるようになった

　ⓑ　建築様式や食事，服装など，さまざまなものが洋風化した風潮で，都市部から広まった

❸ⓐ・ⓑ　裁判を慎重に行うことで誤った判決を防ぎ，基本的人権を守るために**三審制**が取り入れられている

　ⓒ　訴えた側を**原告**，訴えられた側を**被告**という。裁判所は，当事者同士で話し合って解決する和解をすすめる場合もある

　ⓓ　殺人などの重大な事件について，地方裁判所で行われる刑事裁判の第一審には，**裁判員制度**が採用されている

［解答］❶　エ　❷　ⓐ　江戸　ⓑ　文明開化　❸　ⓐ　ア　ⓑ　カ　ⓒ　民事　ⓓ　刑事

《類題チャレンジ☆》～地理・歴史分野～

1 地図中のA～Cは，それぞれ，山脈を示したものである。A～Cに当てはまる山脈の名称の組合せとして，正しいものを，次のア～カから一つ選びなさい。(　　) (新潟県)

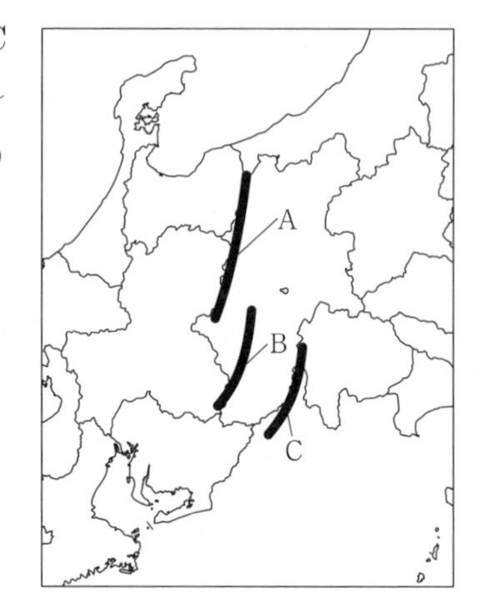

ア　A　赤石山脈，B　木曽(きそ)山脈，C　飛騨(ひだ)山脈
イ　A　赤石山脈，B　飛騨山脈，C　木曽山脈
ウ　A　木曽山脈，B　飛騨山脈，C　赤石山脈
エ　A　木曽山脈，B　赤石山脈，C　飛騨山脈
オ　A　飛騨山脈，B　木曽山脈，C　赤石山脈
カ　A　飛騨山脈，B　赤石山脈，C　木曽山脈

2 右の写真は，舞鶴市で見られる，小さな岬と湾が連続する海岸の地形である。東北地方の三陸海岸でも見られる，この地形の名称を答えなさい。(　　) (島根県)

写真

3 資料は2019年の銀鉱の生産の多い国，メモはそのうちの1か国について調べたものです。メモはどこの国を調べたものか。資料のア～カから一つ選びなさい。(　　) (滋賀県)

資料　銀鉱生産量上位6か国（2019年）

ア　メキシコ	イ　ペルー
ウ　中国	エ　ロシア
オ　ポーランド	カ　チリ

[「世界国勢図会 2022/23」より作成]

メモ

●キリスト教徒のしめる割合が高い。
●北半球に位置している。
●かつては，スペインの植民地であった。

4 豊臣秀吉が直轄地として開発を行った銀山の位置を，略地図のア～エから一つ選びなさい。また，その銀山の名称を書きなさい。符号(　　)　名称(　　銀山) (石川県)

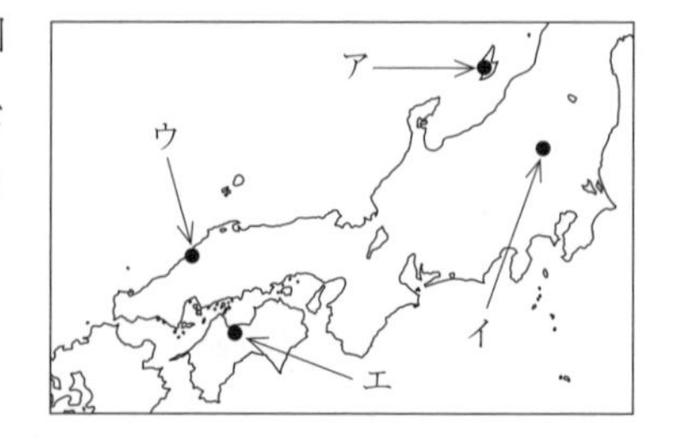

5 次の文の ① ， ② に当てはまる人の名をそれぞれ書きなさい。 （北海道）

①（　　　）②（　　　）

この絵は，わが国の武士と元軍が戦う様子を描いたものです。

元の皇帝 ① は，日本を従えようと，幕府に使者を送ってきましたが，8代執権の ② が，これを拒否したことから，元軍は博多湾に上陸しました。

6 資料は，摂関政治が行われていたころに政治の実権をにぎっていた人物が，娘（むすめ）を天皇のきさきにした日によんだ歌を示したものである。資料の歌をよんだ人物は誰（だれ）か，次のア～エから最も適当なものを一つ選びなさい。（　　　） （三重県）

ア 藤原鎌足（ふじわらのかまたり）　イ 藤原純友（ふじわらのすみとも）　ウ 藤原道長（ふじわらのみちなが）　エ 藤原頼通（ふじわらのよりみち）

〈資料〉

この世をば
わが世とぞ思う
望月（もちづき）の欠けたることも
無しと思えば

《類題チャレンジ☆☆》～公民分野・発展演習～

1 資料1中のE～Gは資料2中の3か国のいずれかに対する日本の政府開発援助（ODA）の開発協力方針の一部を示したものである。E～Gの語句の組み合わせとして最も適当なものを，あとのア～カから一つ選びなさい。（　　　） （大分県）

資料1

E

・食料安全保障の改善に向けた支援を行う。
・干ばつや砂漠化などが深刻化していることから，環境や気候変動対策にも配慮する。

F

・経済の発展に伴い格差が拡大していることから，国内産業強化の支援を行う。
・地震を中心とした災害への対策能力強化の協力を行う。

G

・豊かな森林を有しているが，森林減少率が高いため森林保全が急務である。
・感染症対策を含む保健システム強化の支援を行う。

（「外務省ホームページ」より作成）

資料2

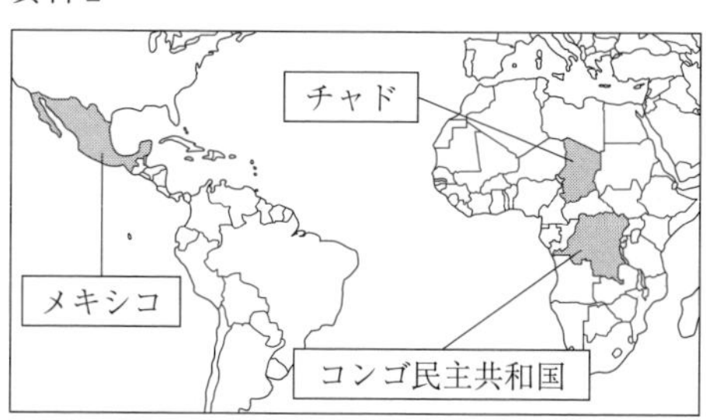

	E	F	G
ア	メキシコ	チャド	コンゴ民主共和国
イ	メキシコ	コンゴ民主共和国	チャド
ウ	チャド	メキシコ	コンゴ民主共和国
エ	チャド	コンゴ民主共和国	メキシコ
オ	コンゴ民主共和国	メキシコ	チャド
カ	コンゴ民主共和国	チャド	メキシコ

2　資料は，臓器提供意思表示カードを表している。新しい人権について述べた次の文章中の［A］，［B］にあてはまる語の組み合わせとして適切なものを，あとのア～エから一つ選びなさい。(　　　)　　　(青森県)

「新しい人権」は主に，日本国憲法第13条に定められている「生命，自由及び［A］に対する国民の権利」に基づいて主張されている。この人権のうち，［B］が尊重された例の一つとして，自分の意思を記入した臓器提供意思表示カードを持つことがあげられる。

資料

ア　A―平等　　　　B―自己決定権
イ　A―平等　　B―プライバシーの権利
ウ　A―幸福追求　　B―自己決定権
エ　A―幸福追求　　B―プライバシーの権利

3　2022年には日本において諸物価が上昇した。このうち，小麦を原料とするパンなどの価格が引き上げられた流れについて，Aさんは右の図を示した。Q(　　)，R(　　)に入る語句の組み合わせとして適切なものを，次のア～エから一つ選びなさい。(　　　)　　　(富山県)

図

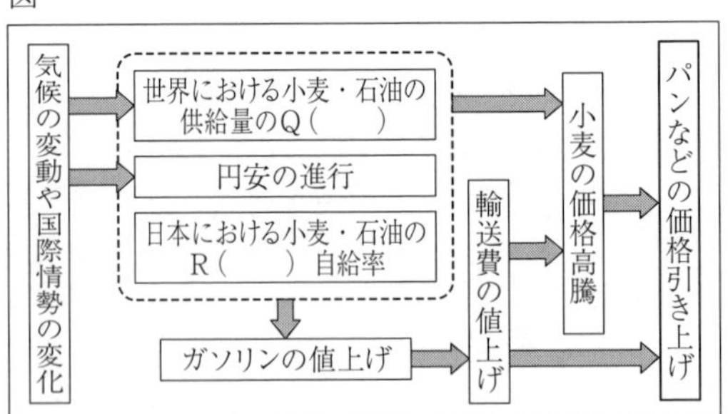

ア　Q　増加　　R　高い
イ　Q　増加　　R　低い
ウ　Q　減少　　R　高い
エ　Q　減少　　R　低い

4 次の略地図は，緯線と経線が直角に交わったもので，緯線と経線は，それぞれ30度の間隔で描かれています。これを見て，あとの(1)，(2)の問いに答えなさい。 （岩手県）

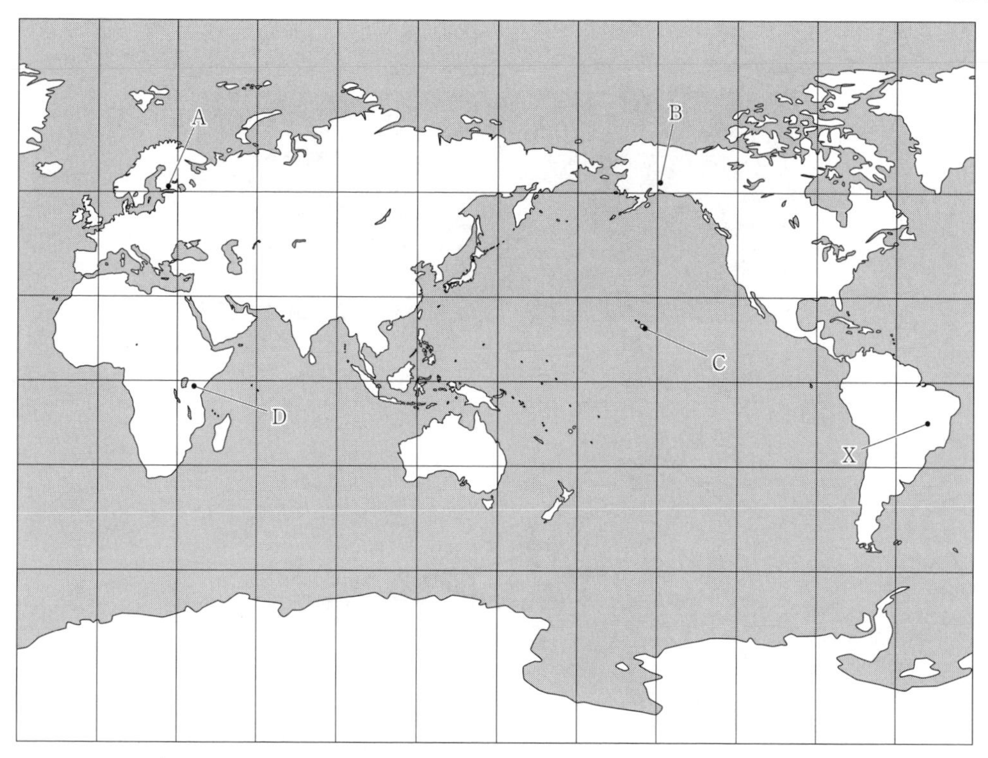

(1) 略地図中のXの都市があるのは何大陸ですか。次のア～エから一つ選びなさい。（　　　）

ア　アフリカ大陸　　イ　南アメリカ大陸　　ウ　ユーラシア大陸　　エ　オーストラリア大陸

(2) 次の文は，岩手県に住んでいるまことさんと外国に住んでいるかえでさんが，日本時間の1月1日午後1時にオンラインで会話したときの一部です。略地図中のA～Dの都市のうち，かえでさんが住んでいるのはどこですか。一つ選びなさい。（　　　）

新年あけましておめでとう。久しぶりだね。

久しぶり。こちらは，まだ12月31日だよ。

ああ，そうか。ところで，岩手の冬は，とても寒いけど，そちらはどう？

こちらは冬でも，毎日最高気温が20℃以上だよ。

5 次の資料は，愛知県の佐久島(さくしま)を上空から撮影したものです。また，地図は，佐久島を示した２万５千分の１の地形図です。資料を撮影した方向として最も適切なものを，地図中のア～エから一つ選びなさい。(　　　)　（埼玉県）

資料

(Google Earth から作成)

地図

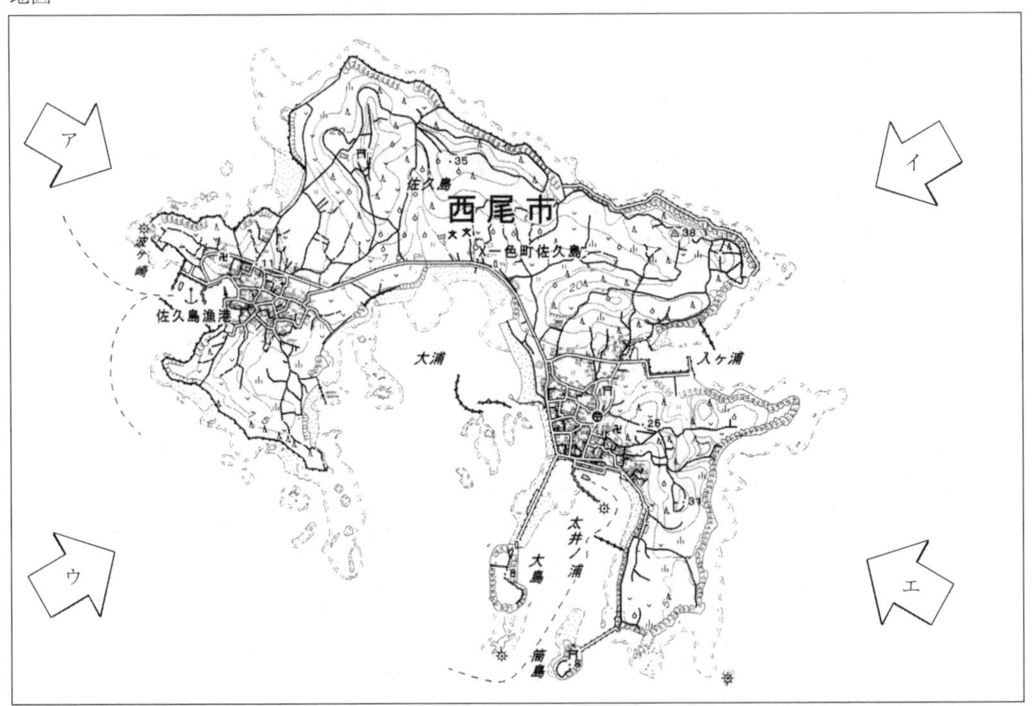

(国土地理院２万５千分の１地形図「佐久島」令和３年発行一部改変)
(編集部注：原図を縮小しています。)

6 資料は8世紀初めの戸籍である。この戸籍に記載されている人のうち，租を負担する対象となったのは何人か，最も適切なものを，次の選択肢Aのア～エから一つ選びなさい。また，それを選んだ根拠として最も適切なものを，下の選択肢Bのオ～クから一つ選びなさい。 （長野県）

選択肢A（　　　）　選択肢B（　　　）

資料　古代の戸籍

筑前国嶋郡川辺里　大宝二年籍		
戸主	肥君猪手	年伍拾参歳（53歳）
妻	哿多奈売	年伍拾弐歳（52歳）
男	肥君与呂志	年弐拾玖歳（29歳）
婦	肥君方名売	年弐拾伍歳（25歳）
孫（女）	肥君阿泥売	年肆歳（4歳）

＊筑前国：現在の福岡県の一部

（「正倉院文書」等より作成）

選択肢A

ア　1人　　イ　2人　　ウ　4人　　エ　5人

選択肢B

オ　口分田は，戸籍に登録されたすべての人に与えられ，その人たちが租を負担したから。

カ　口分田は，戸籍に登録された6歳以上の男女に与えられ，その人たちが租を負担したから。

キ　口分田は，戸籍に登録された男性のみに与えられ，その人たちが租を負担したから。

ク　口分田は，戸主のみに与えられ，戸主が租を負担したから。

7 次のア～エの文化財は，それぞれ，鎌倉文化，室町文化，元禄文化，化政文化のいずれかの文化の時期につくられたものです。ア～エのうち，17世紀につくられた文化財を一つ選びなさい。

（　　　）（山形県）

ア

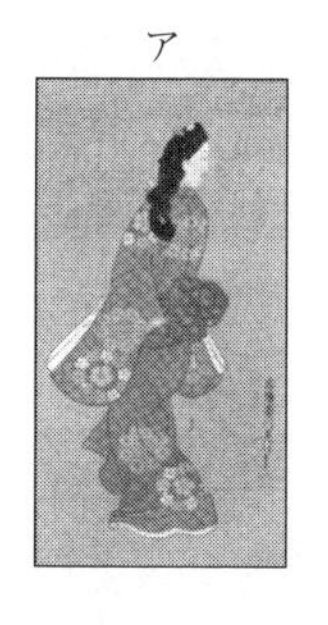

イ

ウ

エ

8 アメリカ合衆国の軍隊が沖縄に駐留している背景について考えるために日本を取り巻く国際環境について調べ，次の資料1～資料3を集めた。あとの文a～eのうち，これらの資料から考えられることの組み合わせとして最も適するものを，ア～カから一つ選びなさい。(　　　)　(神奈川県)

資料1　日本とアメリカ合衆国とのあいだで結ばれた条約の条文（一部）

> 日本国の安全に寄与し，並びに極東における国際の平和及び安全の維持に寄与するため，アメリカ合衆国は，その陸軍，空軍及び海軍が日本国において施設及び区域を使用することを許される。

資料2　防衛費上位10か国（2021年）

国	防衛費（単位：百万ドル）	国内総生産に対する防衛費の割合
アメリカ合衆国	754,019	3.29%
中華人民共和国	207,340	1.23%
イギリス	71,627	2.30%
インド	65,079	2.21%
フランス	59,342	2.02%
ドイツ	56,051	1.33%
日本	49,254	0.97%
サウジアラビア	46,667	5.54%
大韓民国	46,650	2.56%
ロシア	45,802	2.78%

（『世界国勢図会　2022／23年版』をもとに作成）

資料3　那覇からの距離を示した地図

※距離を示す円は那覇から500kmごとに示してある。

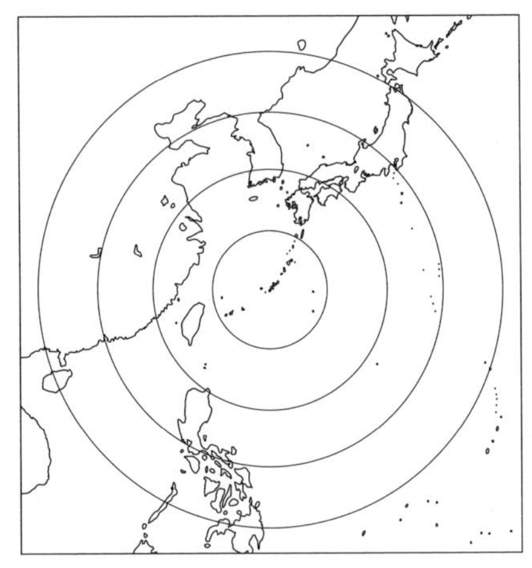

a　資料1の条約が初めて結ばれたのは，アメリカ合衆国を中心とする資本主義陣営が，ソビエト連邦を中心とする社会主義陣営との対立を深めていた時期である。

b　資料1の条約は，欧米諸国を模範として近代化を進めていた日本が，幕末に結んだ不平等条約の改正交渉を成功させた結果，結ばれたものである。

c　2021年の東アジアにおいて，防衛費の額が最も大きい国は日本である。

d　2021年の防衛費上位10か国のうち，国内総生産の額が最も小さい国は日本である。

e　那覇から2,000km以内に領土を有している国の中には，核兵器を保有している国が複数ある。

ア　a, c　　イ　a, d　　ウ　a, e　　エ　b, c　　オ　b, d　　カ　b, e

9 右の図は，企業が資金を調達する方法の一つを表したものである。図のように，企業が株式や債券などを発行することで資金を調達することを何というか。**漢字4字**で書きなさい。(　　　)　(福島県)

図

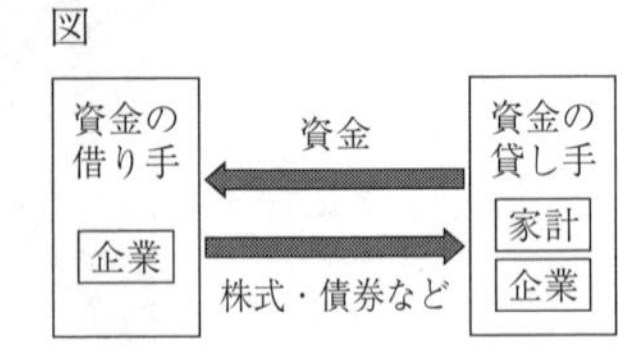

5　論述問題

大阪府公立高入試形式別問題演習

学習のポイント

大阪府公立高入試における論述問題の中には，10字～20字程度の簡潔な文で，統計や写真などの参考とする資料無しに解答しなければならない問題がある。ヒントがないため，知識の蓄積量の多さが試されている。日頃から多くの知識を蓄えることを心がけておかなければならない。

《実際の大阪府公立高入試問題から》

❶ 次の文は，日本の近海の漁場について述べたものである。文中の（　　）に入れるのに適している内容を，日本列島に沿って流れる海流の名称を用いて，簡潔に書きなさい。

（　　）

日本の近海は豊かな漁場となっており，豊かな漁場の形成には海流が関係している。例えば，三陸(さんりく)海岸の沖合には，（　　　　　）ことでできる潮境（潮目）がみられ，また，日本海側から別の海流も流入している。それらの海流により，三陸海岸の沖合は世界有数の好漁場となっている。

❷ 江戸時代に国内の鉱山で採掘された銅は，大阪で精錬された後，その多くが長崎に運ばれた。17世紀後半から19世紀前半までの間に銅が長崎に運ばれたおもな目的を，関連する外国を2か国あげて簡潔に書きなさい。（　　　　　　　　　　　　　　　　　　　　　　　　　　　　　）

❸ 円高は貿易や物価など，経済にさまざまな影響を与える。次の文は，円高の影響を受けた1980年代以降の日本の工業について述べたものである。文中の（　　）に入れるのに適している内容を，「工場」の語を用いて簡潔に書きなさい。（　　　　　　　　　　　　　　　　　　　　　　　　　）

1980年代以降，貿易上の対立をさけることやより安く製品を生産することを目的として（　　　　　）ことにより，雇用の減少が起こり，工業が衰退することが懸念された。このような現象は「産業の空洞化」と呼ばれている。

【解答を導くヒント】

❶ **三陸海岸**とは，東北地方の太平洋側（青森県，岩手県，宮城県）に広がる**リアス海岸**
暖流と寒流がぶつかる潮境（潮目）にはプランクトンが多く，魚が集まるので良い漁場となる　→　親潮とは，寒流の**千島海流**，黒潮とは，暖流の**日本海流**のこと

❷ 清やオランダからは，中国産の生糸や絹織物，南方産の砂糖などがもたらされたが，それらの輸入品への支払いに銅が用いられた
　→　17世紀初頭には銀が支払いに用いられたが，産出量の減少などから輸出が禁止され，代わりに銅が支払いに用いられるようになった

❸ 円高になると，輸出産業にとっては不利になるため，日本の企業は，賃金が安くすむアジアなどに工場を建て，現地の人々を雇用して製品を生産するようになった
　→　同時に日本国内では，「雇用の空洞化」や「技術の流出」といった現象も問題になってきている

［解答］❶　親潮と黒潮が出会う（同意可）　　❷　清やオランダへ輸出するため。（同意可）
❸　国内の工場を外国に移した（同意可）

《類題チャレンジ☆》～地理・歴史分野～

1　東北地方では，おもに6月から8月にかけてふく冷たく湿った北東の風の影響で，稲が十分に育たず，収穫量が減ってしまう冷害が起こることがある。この対策として行われている稲作の工夫について，北東の風の名称を明らかにして，「品種」という語句を用いて書きなさい。　（徳島県）

（　　　　　　　　　　　　　　　　　　　　　　　　　　）

2　次の文は，南アメリカ州の社会の成り立ちについてまとめたものの一部である。□にあてはまることばを，「連れてこられた」という語句を用いて書きなさい。　（福島県）

（　　　　　　　　　　　　　　　　　　　　　　　　　　）

南アメリカ州にはもともと先住民が住んでいたが，16世紀に植民地を築いたヨーロッパ州の人々が進出した。16世紀から19世紀にかけては，その植民地の農園や鉱山で□州からの人々が増えた。また，先住民と白人との間の混血の人々も増えた。さらに，20世紀にやってきた日本人など，アジア州からの移民もおり，多様な人々が暮らす独自の社会が生まれた。

3　わが国の工業は，加工貿易を通じて発展してきたが，1980年代に入ってから，アメリカ合衆国やヨーロッパ諸国に進出して，自動車などの工業製品を現地でも生産するようになった。それはなぜか。その理由を簡単に書け。　（香川県）

わが国と，アメリカ合衆国やヨーロッパ諸国との間で，（　　　　　　　　　　　　）

4　都市化の進展の中で起きている問題として，ヒートアイランド現象がある。これはどのような現象か。簡潔に書け。　（奈良県）

（　　　　　　　　　　　　　　　　　　　　　　　　　　）

5　次はパラグアイの宗教について述べたものである。文中の□に当てはまる内容について，国名を含めて書きなさい。（　　　　　　　　　　）　（大分県）

パラグアイは，キリスト教のカトリックを信仰している人が多い。これは，かつて南アメリカ州の多くの地域が□だったことから，カトリックが広まったためである。

6　アフリカ州には，緯線（いせん）や経線を利用して引かれた，直線的な国境線が見られる。このように，直線的な国境線が見られるのはなぜか，その理由の一つとして考えられることを，「ヨーロッパ諸国」，「境界線」という二つの言葉を用いて，書きなさい。　（三重県）

（　　　　　　　　　　　　　　　　　　　　　　　　　　）

7 舞鶴市は，日本海側の物流の拠点であり，酪農のさかんな北海道ともフェリーで結ばれている。酪農とはどのような農業か。解答欄に合うように，**25字以内**で答えなさい。ただし，「**生産**」という語を必ず用いること。 (島根県)

牧草などの飼料を栽培して，[　　　　　　　　　　　　　　　　　　　　　　　　　]

8 次はアフリカの人口増加について述べた文である。文中の[　　　]に当てはまる内容を書きなさい。 (大分県)

(　　　　　　　　　　　　　　　　　　　　　　　　　　　　　　　　)

アフリカでは1960年代以降，[　　　　　　]によって死亡率が大幅に低下した。しかし，出生率は高いままであったため，人口が著しく増加することとなった。

9 江戸幕府は参勤交代の制度をつくりました。この制度は大名にどのようなことを義務づけた制度か，**往復**という言葉を用いて書きなさい。 (山形県)

(　　　　　　　　　　　　　　　　　　　　　　　　　　　　　　　　)

10 院政とはどのような政治か，「天皇」，「上皇」という語句を用いて書きなさい。 (徳島県)

(　　　　　　　　　　　　　　　　　　　　　　　　　　　　　　　　)

11 パリ講和会議で，中国は第一次世界大戦中に日本が受け入れさせた要求の取り消しを求めたが，拒絶されたことで民衆の抗議運動が起こった。この要求のうちドイツに関わるものを書きなさい。

(石川県)

(　　　　　　　　　　　　　　　　　　　　　　　　　　　　　　　　)

12 次の文は，平城京に都が移された頃に行われていた班田収授法(はんでんしゅうじゅのほう)について述べたものである。文中の[　　　]に適当な言葉を書き入れて文を完成させよ。ただし，[　　　]には，**戸籍・全ての人々**の二つの言葉を含めること。また，口分田(くぶんでん)が与えられ始める年齢を明らかにすること。 (愛媛県)

(　　　　　　　　　　　　　　　　　　　　　　　　　　　　　　　　)

班田収授法では，[　　　　　　]に口分田が与えられ，死後は国に返すきまりとなっていた。

13 サンフランシスコ平和条約調印により，「日本」と「沖縄や小笠原諸島など」は，それぞれどのような立場となったか。解答欄の書き出しに沿って説明しなさい。 (沖縄県)

日本は(　　　　　　　　　　　　　　　　　　　　　　　　　　　　)

沖縄や小笠原諸島などは(　　　　　　　　　　　　　　　　　　　　　)

14 水野忠邦は，株仲間についてどのような政策を行いましたか，ねらいも含めて簡潔に書きなさい。
（和歌山県）

（　　　　　　　　　　　　　　　　　　　　　　　　　　　　　　　　　　　　　）

15 次の文章は，1931年に起こった満州事変（まんしゅうじへん）について述べたものである。文章中の□にあてはまる適当なことばを，「元首」「実権」の二つの語を用いて**20字以内**（読点を含む。）で書きなさい。

（千葉県）

1931年，満州に駐留していた日本の軍隊は，南満州鉄道の線路を爆破し，これを中国側が行ったことだと主張して攻撃を始め，満州の大部分を占領した。その後，1932年につくられた満州国は，清の□が握った。満州国には，不景気が続く日本から，多数の農民が集団で移住した。

16 菅原道真が遣唐使の派遣を停止した理由の1つに「往復が危険であるから」ということが挙げられる。それ以外の理由を，**10字以内**で書きなさい。
（大分県）

《類題チャレンジ☆☆》～公民分野・発展演習～

1 我が国には，株式会社の形態をとって事業を進める企業が多くある。株式会社における，株主の権利について，「議決」，「配当」の二つの語句を用いて，50字以内で書きなさい。
（新潟県）

2 株式会社について，資金調達の観点から，株式会社を設立する利点について，**次の語を使って**説明しなさい。
（富山県）

（　　　　　　　　　　　　　　　　　　　　　　　　　　　　　　　　　　　　　）

［**株式**］

3 寡占状態にある市場では，商品の価格が需要量と供給量との関係を反映せず，消費者にとって不利益が生じる場合があります。寡占状態にある市場における消費者の不利益とはどのようなことか，**競争**，**購入**の二つの言葉を用いて書きなさい。
（山形県）

（　　　　　　　　　　　　　　　　　　　　　　　　　　　　　　　　　　　　　）

4 近年，商品を販売する小売店の多くでは，バーコードやレジを使ったPOS（販売時点情報管理）システムが導入されている。POSシステムの導入によって，商品が売れた数量や時間などの情報を収集することができるが，このことは，小売店にとって，どのような利点があるのか，「効率的」という語句を用いて，次の文に続く形で書きなさい。（徳島県）

（　　　　　　　　　　　　　　　　　　　　　　　　　　　　　　　　）

小売店は，商品の売り上げ情報をもとにして，（　　　　　　）。

5 マイクロクレジットとはどのようなことか。次の**二つの語句**を用いて書きなさい。（福島県）

（　　　　　　　　　　　　　　　　　　　　　　　　　　　　　　　　）

事業　　**お金**

6 次の文は，高橋さんが地方交付税交付金についてまとめたものである。地方交付税交付金を交付されない地方公共団体の数が，文中の下線部のようになったのはなぜか，書きなさい。（石川県）

（　　　　　　　　　　　　　　　　　　　　　　　　　　　　　　　　）

地方交付税交付金を交付されない地方公共団体の数は，景気の緩やかな回復とともに徐々に増加し，2018年度の日本の地方公共団体1718のうち，78の地方公共団体に地方交付税交付金が交付されなかった。

7 インクルージョンの実現のための一つの方法として，「バリアフリー化」がある。特に，車いすで生活している人に対し，身体的な障壁を取り除くために行う，学校や公共施設における具体的な取り組みの例を一つ書け。（福井県）

（　　　　　　　　　　　　　　　　　　　　　　　　　　　　　　　　）

8 日本では一つの事件について三回まで裁判が受けられる三審制がとられています。三回まで受けられるようにした理由を，空欄にあてはまるよう簡潔に説明しなさい。（沖縄県）

「より慎重に［　　　　　　　　　　　　］を防ぐために」

9 京都では，店の看板，建物の高さ，デザインなどを規制する条例が定められている。このような条例が定められている理由を，**景観**という語を用いて書きなさい。（青森県）

（　　　　　　　　　　　　　　　　　　　　　　　　　　　　　　　　）

10 【説明文】はさくらさんが，近年，洪水や浸水の被害が都市部でたびたび起こる要因の一つについて説明したものである。【説明文】の［　　　］にあてはまる内容を書きなさい。（佐賀県）

（　　　　　　　　　　　　　　　　）

【説明文】

> 都市部では，地面が［　　　　　］ため，雨がしみ込みにくくなり，短時間に大量の雨が降ると一気に川に流れ出るため，洪水や浸水被害が起こりやすくなる。

11 太閤検地や刀狩によって，このあとの時代の身分制社会の土台がつくられたといえる。なぜそのようにいえるのか，書きなさい。（石川県）

（　　　　　　　　　　　　　　　　）

12 江戸時代中期の18世紀になると，問屋と農民とが結びつくようになる。この結びつきから生まれた生産形態の一つに問屋制家内工業がある。この問屋制家内工業のしくみはどのようなものであったか。**材料や道具**　**製品**の二つの言葉を用いて，簡単に書け。（香川県）

問屋が，（　　　　　　　　　　　　　　　　）しくみ。

13 日本国憲法の改正については，ほかの法律の改正とは異なる，慎重な手続きを定めている。その理由を，「**国**」，「**保障**」という語句を使って簡潔に書きなさい。（山梨県）

（　　　　　　　　　　　　　　　　）

14 一般に銀行は家計などからお金を預かり，企業などに貸し出しています。その際，銀行はどのように利益をあげていますか，簡潔に書きなさい。（和歌山県）

（　　　　　　　　　　　　　　　　）

6　2文の正誤判断・多答式問題

大阪府公立高入試形式別問題演習

学習のポイント

大阪府公立高入試においては，二つの文の正誤判断（資料の読み取り）をし，その正誤の組み合わせを答える問題や，一つの問題に対して複数の正答がある選択問題が出されることがある。正確な知識を用いて素早い資料判断ができるようになっておくことが求められている。

《実際の大阪府公立高入試問題から》

❶　図Ⅰは，2019（令和元）年7月における，第25回参議院議員選挙の年代別の投票率を示したものである。表Ⅰは，20歳代と60歳代における，2019年7月1日現在の人口と第25回参議院議員選挙の投票率を示したものである。あとのP，Qの文は，図Ⅰ，表Ⅰから読み取れる内容についてまとめたものである。P，Qの内容について正誤を判定し，あとのア～エから適しているものを一つ選び，記号を○で囲みなさい。（ア　イ　ウ　エ）

図Ⅰ　年代別の投票率（%）

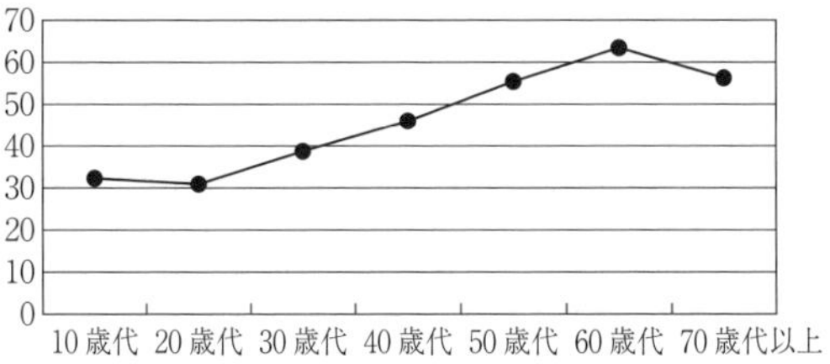

70
60
50
40
30
20
10
0
10歳代　20歳代　30歳代　40歳代　50歳代　60歳代　70歳代以上

表Ⅰ　人口と投票率

	人口（万人）	投票率（%）
20歳代	1,184	30.96
60歳代	1,629	63.58

（図Ⅰ，表Ⅰともに総務省の資料により作成）

P　年代別の投票率を比べると，最も低いのが20歳代で最も高いのが60歳代であり，60歳代の投票率は20歳代の投票率の2倍以上である。

Q　20歳代と60歳代との人口の差よりも，20歳代と60歳代との投票数の差の方が大きい。

ア　P，Qともに正しい。　　イ　Pは正しいが，Qは誤っている。

ウ　Pは誤っているが，Qは正しい。　　エ　P，Qともに誤っている。

❷　図Ⅰ，図Ⅱは，1985（昭和60）年から2015（平成27）年までの5年ごとにおける，東京23区のうちのW区，X区，Y区，Z区について，昼夜間人口比率（夜間人口を100としたときの昼間人口の値）の推移と夜間人口の推移をそれぞれ示したものである。次のア～エのうち，図Ⅰ，図Ⅱから読み取れる内容についてまとめたものとして正しいものはどれか。すべて選び，記号を○で囲みなさい。（ア　イ　ウ　エ）

ア　夜間人口が40万人以下である区はすべて，1985年から1995（平成7）年までは夜間人口が増加し，2000（平成12）年から2015年までは夜間人口が減少している。

イ　すべての年において，昼夜間人口比率が最も高いのはW区であり，夜間人口が最も少ないのもW区である。

ウ　すべての年において，四つの区すべてで夜間人口より昼間人口の方が多い。

エ　四つの区において，2015年における昼間人口が最も多いのはX区である。

図Ⅰ　昼夜間人口比率の推移

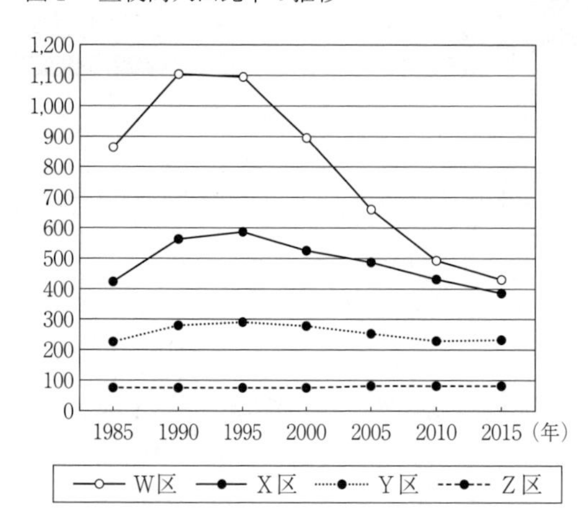

図Ⅱ　夜間人口の推移

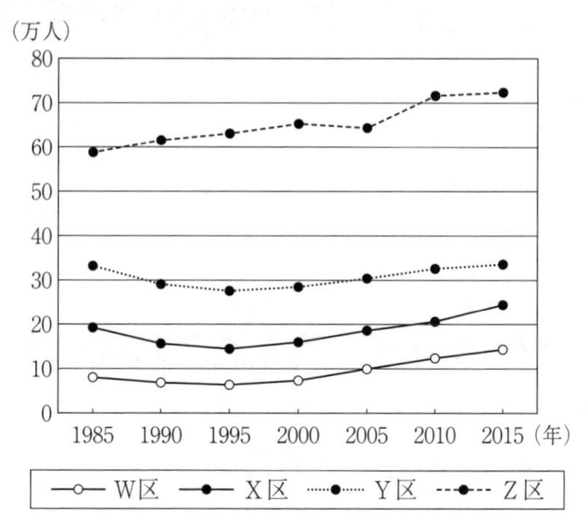

（図Ⅰ，図Ⅱともに東京都総務局の資料により作成）

【解答を導くヒント】

❶P．63.58（60歳代の投票率）÷ 30.96（20歳代の投票率）＝ 2.05…より，60歳代の投票率は20歳代の投票率の2倍以上となっているので**正しい文章**

Q．60歳代と20歳代の人口の差は，1,629万人－1,184万人から445万人。一方，20歳代の投票数は1,184万×30.96÷100より約367万票，60歳代の投票数は1,629万×63.58÷100より約1036万票のため，その差は約669万票になるので**正しい文章**

❷ア．夜間人口が40万人以下である区はW・X・Yの各区。これらの区においては，いずれも1985年から1995年までは夜間人口が減少し，2000年から2015年までは夜間人口が増加しているので誤り

ウ．Z区のみが，すべての年において「昼夜間人口比率」が100 を下回っているため，昼間人口よりも夜間人口の方が多いと考えられる

［解答］❶　ア　　❷　イ・エ

《類題チャレンジ☆》～地理・歴史分野～

1 資料について説明した下の文X，Yの正誤の組み合わせとして最も適するものを，あとのア～エから一つ選びなさい。（　　　）　（神奈川県）

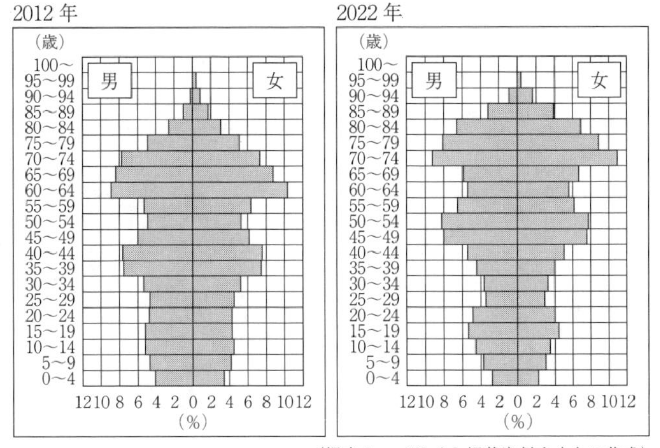

（堺市ウェブサイト掲載資料をもとに作成）

X　65歳以上の人口の割合を比べたとき，2022年の方が2012年より小さい。

Y　2022年における25～34歳の人口の割合は，2012年における15～24歳の人口の割合より大きい。

ア　X：正　Y：正　　イ　X：正　Y：誤　　ウ　X：誤　Y：正
エ　X：誤　Y：誤

2 次のa，bの文は，略地図のアメリカ合衆国とブラジルについて述べたものである。それぞれの文について，正しいものには○を，誤っているものには×を書きなさい。　（石川県）

a　アメリカ合衆国の自動車製造の中心地として発展したのはピッツバーグであり，そこで用いられた大量生産方式が他の工業分野にも普及した。（　　　）

b　ブラジルでは，現在，農作物の輸出額のうち最大のものは大豆であり，アマゾン川流域の森林を伐採した後につくられた畑などで栽培されている。（　　　）

3 資料に示した緯線ア～エについて，同緯度を示す緯線をア～エから選んで，その記号を書きなさい。（　　　と　　　）　（福井県）

資料

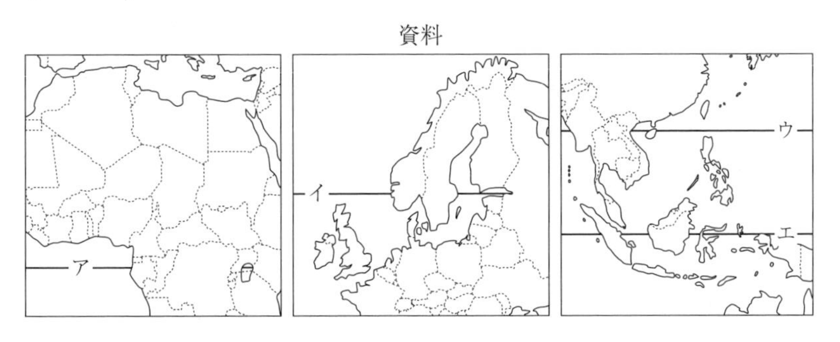

4 はじめさんは，夏の電力不足のニュースを見て，日本の発電事情について調べることにした。はじめさんのレポートを見て，あとの問いに答えなさい。 （沖縄県）

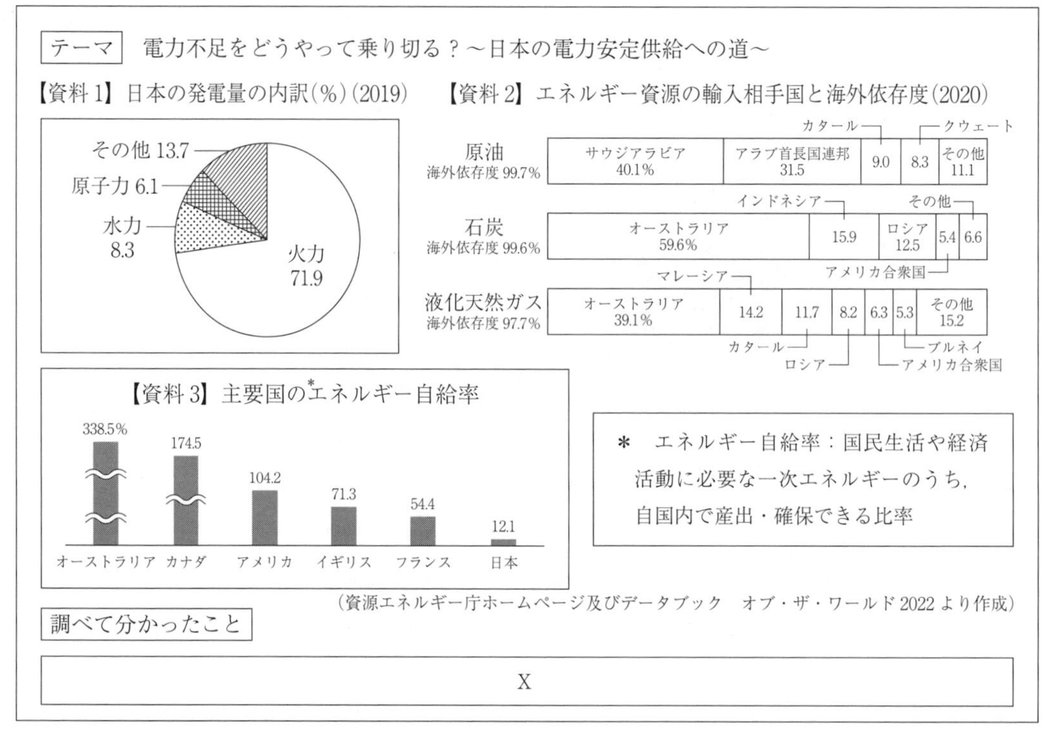

はじめさんは，最初に日本の発電事情について調べた【資料1】～【資料3】から，分かったことを X にまとめた。【資料1】～【資料3】から読み取れることとして適当なものを次のア～エのうちから二つ選びなさい。（　　）（　　）

ア 日本の発電量の約7割を火力発電が占めており，原子力発電が2番目に多い。

イ エネルギー資源の多くを海外からの輸入に頼っており，原油は西アジアの国々などから輸入している。

ウ 日本のエネルギー自給率は主要国に比べ，低くなっている。

エ 資源が豊富なオーストラリアのエネルギー自給率は，カナダより低い。

5 藤原氏を中心に摂関政治が行われた頃の社会の様子に関して述べた次の文X，Yについて，その正誤の組み合わせとして適切なものを，あとのア～エから一つ選びなさい。（　　） （奈良県）

X 国司の中には，現地に行かずに代理を送り，収入だけを得る者が多くなり，地方の政治は乱れた。

Y 牛や馬を使用した耕作や，米と麦などの二毛作が広まり，農業の生産力が高まった。

ア X・正 Y・正　イ X・正 Y・誤　ウ X・誤 Y・正

エ X・誤 Y・誤

6 右の【図】は倭寇の活動を示した図である。この図から読み取れる倭寇を説明した文X，Yの正誤の組み合わせとして最も適当なものを，あとのア～エから一つ選びなさい。

（　　）（佐賀県）

X　14世紀の倭寇は，朝鮮半島沿岸や中国の沿岸地域を襲った。

Y　16世紀の倭寇は，広州（こうしゅう）沿岸にも活動範囲を広げた。

ア　X―正　Y―正　　イ　X―正　Y―誤

ウ　X―誤　Y―正　　エ　X―誤　Y―誤

【図】

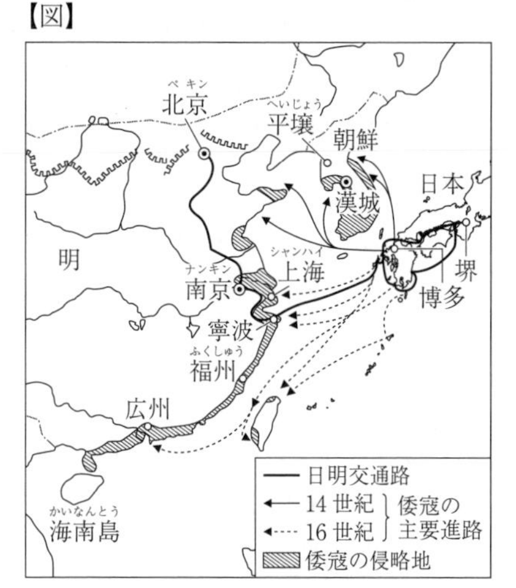

7 右の資料に記されているできごとよりも前のできごとを，二つ選びなさい。（　　）（　　）　（秋田県）

資料　中国の歴史書

倭の奴国が漢に朝貢したので，光武帝は印とそれを結びとめるひもを与えた。

（「後漢書」から部分要約）

ア　エジプト文明で太陽暦が考え出された

イ　朝鮮半島で高句麗・百済・新羅が対立した

ウ　十字軍がエルサレムに向けて進軍した

エ　孔子が仁と礼に基づく政治を説いた

8 日本政府が第二次世界大戦後に連合国軍総司令部（GHQ）の指示を受け，実施したものとして適切なものを，次のア～オから全て選びなさい。（　　）　（群馬県）

ア　財閥の解体を行った。

イ　労働条件の最低基準を定める労働基準法を制定した。

ウ　満6歳以上の子どもに教育を受けさせる学制を発布した。

エ　満25歳以上の男性に選挙権を与える普通選挙法を制定した。

オ　地主から農地を強制的に買い上げ，小作人に安く売り渡した。

《類題チャレンジ☆☆》～公民分野・発展演習～

1　次のX，Yの文は，地球環境問題への取り組みについて述べたものである。正誤の組み合わせとして適当なものを，あとのア～エから一つ選びなさい。(　　　)　(福島県)

X　地球サミットで，地球温暖化を防止することを目的に気候変動枠組条約が調印された。

Y　パリ協定で，温室効果ガスの排出量の削減を先進国のみに義務付けた。

ア　X　正　Y　正　イ　X　正　Y　誤　ウ　X　誤　Y　正

エ　X　誤　Y　誤

2　地方公共団体の首長と内閣総理大臣の選出に関する次の説明Ⅰ，Ⅱについて，その正誤の組み合わせとして適切なものを，あとのア～エから一つ選びなさい。(　　　)　(富山県)

Ⅰ　内閣総理大臣には25歳で選出される可能性があるが，地方公共団体の首長になるには30歳以上でなければならない。

Ⅱ　地方公共団体の首長は，住民の直接投票で選出されるが，内閣総理大臣は，まず国会議員になり，国会の指名を受け，天皇から任命されなければならない。

ア　Ⅰ　正　Ⅱ　正　イ　Ⅰ　正　Ⅱ　誤　ウ　Ⅰ　誤　Ⅱ　正

エ　Ⅰ　誤　Ⅱ　誤

3　次の図は，日本における民事裁判の三審制のしくみを表したものです。[①]～[③]に当てはまる語句をそれぞれ書きなさい。また，A～Fは，裁判の判決に不服な場合に行う「控訴」または「上告」のいずれかを表しています。「控訴」に当てはまるものを，A～Fからすべて選びなさい。

①(　　　)　②(　　　)　③(　　　)　記号(　　　)　(北海道)

図

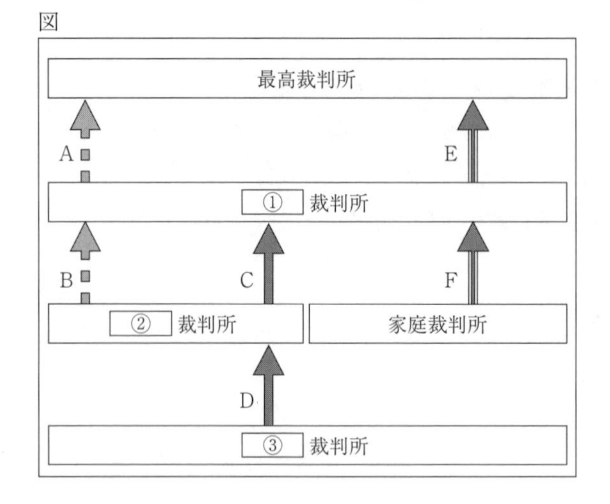

4 太郎さんは，交通の発展について調べていくうちに，鉄道運賃は，公共料金の一つであることを知りました。次のア～カのうち，公共料金に当てはまるものを**二つ**選びなさい。(　　　)(　　　)

(茨城県)

ア　郵便料金　　イ　映画館の入場料　　ウ　直売所で販売するレタスの価格

エ　スーパーマーケットで販売するリンゴの価格　　オ　公立学校授業料

カ　ライブチケットの価格

5 図に示された国に関する次の文X，Yについて，その正誤の組み合わせとして適切なものを，あとのア～エから一つ選びなさい。

(　　　)(兵庫県)

X　主な輸出品は金とカカオ豆で，特定の鉱産資源や商品作物の生産と輸出に依存するモノカルチャー経済になっている。

Y　野生生物を観察するなど，地域固有の自然環境や文化などを体験しながら学ぶ観光が行われている。

ア　X―正　　Y―正　　イ　X―正　　Y―誤

ウ　X―誤　　Y―正　　エ　X―誤　　Y―誤

図

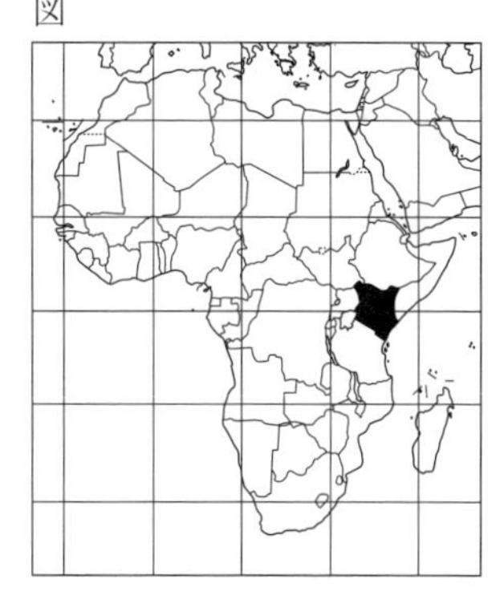

6 ブラジルの輸出品の変化について，右の資料から読み取れることとして適切なものを，次のア～エから二つ選びなさい。

(　　　)(　　　)(長野県)

ア　1965年に輸出品として最も多かったコーヒー豆は，2007年，2018年の上位5品に入っていない。

イ　2007年の輸出品のうち上位5品は，1965年と比べて，すべて工業製品に変化した。

ウ　2018年の大豆の輸出額は，2007年の機械類と自動車を合わせた輸出額よりも多い。

エ　2018年の輸出総額は，1965年の輸出総額の100倍以下である。

資料　ブラジルの輸出品の変化

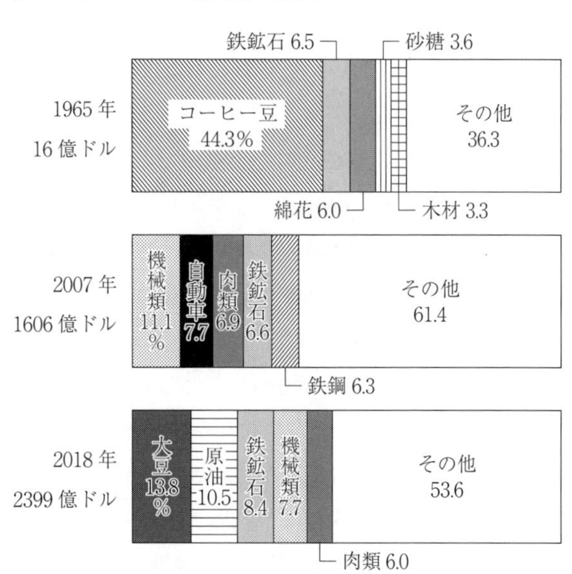

※輸出品は左から多い順に示している

(「世界国勢図会 2020／21」等より作成)

7 平和の礎(いしじ)の完成に関連して，表から読み取れることについて述べたA・Bの文を読み，その正誤の組み合わせとして正しいものを，右のア～エから一つ選びなさい。(　　　)　(沖縄県)

	A	B
ア	正	正
イ	正	誤
ウ	誤	誤
エ	誤	正

表

出身地		令和3年度 刻銘者総数	令和4年度 刻銘者総数
日本	沖縄県	149,584	149,611
	県外都道府県	77,458	77,485
外国	米国・英国	14,092	14,092
	台湾・北朝鮮・大韓民国	498	498
合計		241,632	241,686

「平和の礎」刻銘者数一覧（2022（令和4）年6月現在）

（沖縄県ホームページより作成）

A：刻銘された数は，完成した1995年以降から変わることなく現在に引き継がれている。
B：国籍や都道府県を問わず沖縄戦などで亡くなった人の名前が刻まれている。

8 8世紀のできごととして適切なものを，次のア～カから**二つ**選びなさい。(　　　)(　　　)

（山形県）

ア　中大兄皇子が政治の改革を始めた。　　イ　朝鮮半島に百済と新羅が成立した。
ウ　朝廷が墾田永年私財法を定めた。　　エ　栄西や道元が中国から禅宗の教えを伝えた。
オ　関東で平将門が反乱をおこした。　　カ　国の成り立ちなどをまとめた『古事記』が完成した。

9 2班は公正の観点に関心をもった。公正のうち「手続きの公正さ」という考え方が取り入れられている例として，次のP，Qが正しければ○，誤っていれば×をそれぞれ書きなさい。　（山梨県）
P　パラリンピック競技大会で，障がいの程度に応じたクラスが設定されている。(　　　)
Q　生徒総会では，決まりを作る過程に全員が参加することができる。(　　　)

10 裁判員制度について述べた文として正しいものを，次のア～オの中から**すべて**選びなさい。

(　　　)（埼玉県）

ア　裁判員制度の対象になるのは，殺人や強盗致死などの重大な犯罪についての刑事裁判である。
イ　一つの事件の裁判は，3人の裁判員と6人の裁判官が協力して行う。
ウ　裁判員は，満18歳以上の立候補した国民の中から，試験によって選ばれる。
エ　裁判員が参加するのは地方裁判所で行われる第一審だけで，第二審からは参加しない。
オ　裁判員は，公判に出席して，被告人や証人の話を聞いたり，証拠を調べたりし，有罪か無罪かの判断は，裁判官だけで行う。

7　一問一答

大阪府公立高入試形式別問題演習

学習のポイント

大阪府公立高入試において，単純な一問一答問題も出されている。難易度もそれほど高くはないので，確実な得点源にできるようにしておきたい。以下，大阪府の一般入学者選抜と特別入学者選抜で過去に出された問題を挙げているので，入試直前の実力確認に使ってみよう！

《実際の大阪府公立高入試問題（一般・特別入学者選抜）から》

【地理分野】

1．アメリカ合衆国のサンフランシスコ郊外には，コンピュータや半導体関連の先端技術産業が集中している地域（地区）がある。この地域（地区）は，コンピュータや半導体関連の先端技術産業が集中していることから何と呼ばれているか，書きなさい。（　　　　　）

2．USMCA は，NAFTA に加盟していた 3 か国による新たな貿易協定である。USMCA に加盟している 3 か国のうち，2 か国はアメリカ合衆国とカナダである。あと 1 か国はどこか。国名を書きなさい。（　　　　　）

3．国際市場における石油（原油）価格の安定などのため，1960 年に設立された石油輸出国機構の略称を**アルファベット 4 字**で書きなさい。（　　　　　）

4．中国では，外国の資本や技術を積極的に導入するための地域として，1980 年から 1988 年までに五つの地域が指定された。1980 年に指定された深圳（シェンチェン）など，外国企業をよい条件で受け入れるために開放された地域は何と呼ばれているか。**漢字 4 字**で書きなさい。（　　　　　）

5．首都の成り立ちは国によってさまざまである。オーストラリアの首都は，首都とすることを目的に新たに建設された都市であり，その首都名には先住民族の言語で「出会いの場所」という意味がある。オーストラリアの首都はどこか。首都名を書きなさい。（　　　　　）

6．アフリカの多くの国では，情報技術製品に不可欠なレアメタルなど特定の鉱産資源の産出や，特定の農産物の生産が行われ，輸出されている。このような特定の鉱産資源や農産物の輸出にたよる経済は何と呼ばれているか。**カタカナ**で書きなさい。（　　　　　経済）

7．「G7」以外の国々や国際機関のうち，G7 伊勢志摩サミットの拡大会合では，東南アジア諸国連合の首脳などが招待された。東南アジア諸国連合の略称を**アルファベット**で書きなさい。

（　　　　　）

8．ヨーロッパの国々によって 1993 年にヨーロッパ連合が結成された。ヨーロッパ連合では 2002 年から加盟国の多くで共通通貨（単一通貨）が使用されるようになった。この共通通貨（単一通貨）は何と呼ばれているか。**カタカナ**で書きなさい。（　　　　　）

9．オセアニアは，オーストラリア大陸と太平洋の島々で構成されている。太平洋の島々は三つの地域に分けることができ，三つの地域名にはそれぞれ「島々」という意味のことばである「ネシア」がついている。これらの三つの地域のうち，二つはミクロネシアとメラネシアである。もう一つの地域は何か，書きなさい。（　　　　　）

10. 水上交通の要所であり琵琶湖に面する港町として栄えてきた，現在の滋賀県の県庁所在地はどこか。都市名を書きなさい。(　　　　　市)

【歴史分野】

11. 奈良時代に，人々は律令(りつりょう)にもとづき税を納めていた。口分田を与えられた人々が，その面積に応じて収穫の約３％に当たる稲を納めた税は何と呼ばれているか。**漢字１字**で書きなさい。

(　　　　　)

12. 701年，中央の政治のしくみや地方行政のしくみなどを定めたとされている法律が制定された。この法律は何と呼ばれているか。**漢字４字**で書きなさい。(　　　　　)

13. 奈良時代には和歌をよむときなどに，漢字を用いて日本のことばを表していた。このような文字を用いて柿本人麻呂(かきのもとのひとまろ)や山部赤人(やまべのあかひと)をはじめ，天皇や貴族，民衆がよんだ4,500首あまりの和歌を，大伴家持(おおとものやかもち)らが和歌集として編さんした。この和歌集は何と呼ばれているか，書きなさい。

(　　　　　)

14. 室町時代，農村では農民たちが自治的な組織をつくり，寄合(よりあい)をひらいて村のきまりを定めたり，年貢(ねんぐ)をまとめて領主に納めたりした。農民たちがつくったこの自治的な組織は何と呼ばれているか。**漢字１字**で書きなさい。(　　　　　)

15. 南北朝の統一によって社会が安定したことなどから産業が発達し，室町時代の都市では，商人や手工業者が同業者の組合（団体）をつくり，貴族や寺社などの保護を受けて営業を独占した。室町時代のこのような商人や手工業者の同業者の組合（団体）は何と呼ばれているか。**漢字１字**で書きなさい。(　　　　　)

16. 慶長小判の発行を命じた人物で，江戸幕府を開いた初代将軍はだれか。人名を書きなさい。

(　　　　　)

17. 17世紀初めに開かれた江戸幕府は，17世紀中ごろにかけて政治体制を整えていった。17世紀中ごろ，日本人の海外渡航や帰国を禁止したり，参勤交代の制度を整えたりするなど政治体制を確立した江戸幕府の３代将軍はだれか。人名を書きなさい。(　　　　　)

18. 長崎の出島における貿易を幕府から許されていたオランダは，幕府の求めに応じて，定期的に海外の情報を報告書にまとめて幕府に提出していた。幕府にとって海外の動きを知る重要な情報源であったこの報告書は何と呼ばれているか，書きなさい。(　　　　　)

19. 江戸時代には，西廻(まわ)り航路など海上輸送路が整備され，東北地方や北陸地方の年貢(ねんぐ)米や特産物が大阪に運ばれた。大阪には，諸藩が年貢米や特産物を保管したり取り引きしたりするための施設が設けられた。この施設は何と呼ばれているか。**漢字３字**で書きなさい。(　　　　　)

20. 民主政治は，「人民の，人民による，人民のための政治」という言葉によって表すことができる。1863年，ゲティスバーグでの演説でこの言葉を用いて，民主政治の意味について語ったアメリカ合衆国の大統領はだれか。人名を書きなさい。(　　　　　)

21. 1792年，わが国の漂流民を送り届けるとともに江戸幕府に通商を求めて根室(ねむろ)に来航したロシアの使節はだれか。人名を書きなさい。(　　　　　)

22. 1853年，江戸幕府に対して開国を求める国書を携え，4隻の軍艦を率いて浦賀(うらが)に来航したアメリカ合衆国の使節はだれか。人名を書きなさい。(　　　　　)

23. 1858年に江戸幕府とアメリカ合衆国との間に日米修好通商条約が結ばれたときの江戸幕府の大老で，後に，幕府を批判した人々の処罰など安政(あんせい)の大獄と呼ばれる弾圧を行った人物はだれか。人名を書きなさい。(　　　　　)

24. 大学令は，公立や私立の大学の設置を目的に制定された。大学令が制定された当時のわが国の首相で，はじめての本格的な政党内閣を組織した人物はだれか。人名を書きなさい。(　　　　　)

【公民分野】

25. 日本国憲法には三つの基本原則があり，そのうちの二つは「平和主義」と「基本的人権の尊重」である。もう一つの基本原則は何か，書きなさい。(　　　　　)

26. 社会保障の充実については，日本国憲法第25条の精神にもとづいて社会保障制度が整備されてきた。日本国憲法で保障されている社会権のうち，第25条において記されている「健康で文化的な最低限度の生活を営む権利」は一般に何と呼ばれているか。**漢字３字**で書きなさい。(　　　　　)

27. 日本国憲法は，国民の義務について定めており，そのうちの二つは，「勤労の義務」と「普通教育を受けさせる義務」である。もう一つの国民の義務は何か，書きなさい。(　　　　　)

28. 法律や予算にもとづいて国の仕事を行うのが内閣である。内閣が，日本国憲法及び法律の規定を実施するために制定する命令は何と呼ばれているか，書きなさい。(　　　　　)

29. わが国において，1950（昭和25）年に制定された法律で，選挙を公正に行うために，選挙区や議員定数，選挙の方法などを定めた法律は何と呼ばれているか。**漢字５字**で書きなさい。(　　　　　)

30. 日本国憲法において外交関係の処理や条約の締結などを行うと規定されている機関で，わが国の行政権を担当する機関は何か，書きなさい。(　　　　　)

31. 地方公共団体は，日本国憲法の定めにより法律の範囲内で，独自のきまりを制定することができる。地方議会の議決を経て制定され，その地方公共団体だけに適用されるこのきまりは何と呼ばれているか，書きなさい。(　　　　　)

32. わが国では，裁判を慎重に行い，誤りを防ぎ，人権を守るためのしくみとして，判決に不服がある場合には，控訴(こうそ)や上告をすることで，裁判を原則として3回まで受けることができるようになっている。この制度は何と呼ばれているか。**漢字３字**で書きなさい。(　　　　　)

33. 歳出の内訳のうち，わが国の2016（平成28）年度予算において最も額が多いのは，公衆衛生，公的扶助，社会福祉，社会保険の四つの柱から構成される制度に関する費用である。日本国憲法で定められている生存権についての規定にもとづいて整備されてきたこの制度は何と呼ばれているか，書きなさい。(　　　　　制度)

34. 所得が高くなるにつれて税率が高くなるしくみは何と呼ばれているか。**漢字４字**で書きなさい。

(　　　　　)

35. 企業にはさまざまな種類があり，その一つが株式会社である。株式会社において，株式を購入した出資者によって構成され，役員や監査役の選任，事業の基本方針や配当の決定，決算の承認など，重要事項を決定する最高意思決定機関は何と呼ばれているか。**漢字４字**で書きなさい。(　　　　　)

36. 消費者を保護することを目的とした法律や制度がわが国において定められている。製品の欠陥によって消費者が被害を受けた場合，その製品の生産者である企業に被害の救済を義務づけることなどを内容とし，1994（平成6）年に公布され翌年に施行された，PL 法とも呼ばれている法律は何か。**漢字6字**で書きなさい。（　　　　　）

37. 市場での商品の取り引きが公正に行われない場合，消費者にとって不利益になることがある。1962（昭和37）年，安全を求める権利（安全である権利）や知らされる権利（知る権利）など「消費者の四つの権利」を提示したアメリカ合衆国の大統領はだれか。人名を書きなさい。（　　　　　）

38. わが国では，消費者が訪問販売などで商品を購入した場合，原則として，一定の期間内であれば書面での通知によって無条件に契約を解除することができる制度がある。この制度は一般に何と呼ばれているか，書きなさい。（　　　　　）

39. 労働は国民の権利であり，義務である。労働者の権利を守るため，労働時間を原則として1日について8時間以内とすることや毎週1回の休日を与えることなどの労働条件に関するきまりについて定めた法律は何と呼ばれているか。**漢字5字**で書きなさい。（　　　　　）

40. わが国の防衛を主たる任務とし，災害発生時に知事らによる派遣要請を受けて現地で救助などの災害派遣活動を行う組織の名称を**漢字3字**で書きなさい。（　　　　　）

41. 1948年の国際連合総会で採択され，「すべての人間は，生(うま)れながらにして自由であり，かつ，尊厳と権利とについて平等である。」など，すべての人民とすべての国とが達成すべき共通の基準を定めたものは何と呼ばれているか。**漢字6字**で書きなさい。（　　　　　）

42. 1997年，気候変動枠組条約の第3回締約国会議が行われ，先進国に温室効果ガスの排出削減を義務づけるなどの内容の議定書が採択された。第3回締約国会議において採択されたこの議定書は一般に何と呼ばれているか，書きなさい。（　　　　　）

43. 国際連合の本部がある都市はどこか。都市名を書きなさい。（　　　　　）

44. 人工知能の進化にともない，膨大なデータを分析して災害を予測する研究などがすすめられている。人工知能の略称を**アルファベット**で書きなさい。（　　　　　）

解答・解説

1．統計資料の読み取り～選択問題編

問題 P．4～11

《類題チャレンジ☆》～地理・歴史分野～

1 宮崎県は野菜の促成栽培，にわとりやぶたなどを飼育する畜産業が盛んなので，エとなる。アは第3次産業の割合が高いので，観光業が主要産業の沖縄県。イは果実の額が多いので，みかんなどの栽培が盛んな愛媛県。ウは製造品出荷額が多いので，瀬戸内工業地域に含まれる倉敷市で石油化学工業や鉄鋼業が盛んな岡山県。

答 エ

2 中京工業地帯は自動車工業を中心に，機械工業の割合が高い。イは阪神工業地帯，ウは京浜工業地帯のグラフ。

答 ア

3 ドイツ・アメリカ合衆国はキリスト教徒が多い国。クリスマスはイエス・キリストの生誕を祝う日。イはイスラム教，ウはヒンドゥー教，エは仏教。

答 ア

4 日露戦争後に男女全体で就学率が95％ほどになった。

答 ア

5 Xは1929年のできごと。cの「ニューディール政策」はアメリカ，「五か年計画」はソ連がとった経済政策。

答 エ

6 アは現在選挙権がある人，エは1890年の第一回衆議院議員総選挙が行われたときに選挙権があった人の条件。

答 A．ウ　B．イ

《類題チャレンジ☆☆》～公民分野・発展演習～

1 ○○社は100％の中の割合を重視してグラフにしているためほとんど増えていない印象をあたえるが，△△社は伸び率を重視した数値を使用してグラフにしているため，大きく伸びた印象をあたえる。

答 A．ウ　D．ア

2 A．120円×1,200ドルから144,000円となる。B．円安は，円の価値が他の通貨に対して低い状態なので，外国人の日本への海外旅行の代金は安くなる。

答 エ

3 人口が多く産業もさかんな都道府県は住民税や事業税などの地方税を多く集めることができるので，愛知県の割合が高いAが「地方税」。地方公共団体の財政格差を是正するための地方交付税交付金は，人口が少なく産業もあまりさかんとはいえない県に多く支給されるため，Bが「地方交付税（交付金）」。

答 ウ

4 ア．1月はメキシコ産の方が国産よりも多くなっている。ウ．約20％となっている。

答 イ・エ・オ

5 世界恐慌は1929年におこった。ソ連は社会主義国のために影響を受けなかったのでエ。日本は「資本主義諸国の中でいち早く不況から立ち直った」とあるので，1933年に工業生産指数が100を超えたイと判断する。

答 （日本）イ　（ソ連）エ

6 エは資料3の4つ目の項目からCであることがわかる。イは資料1でエより高いことからAかB。このうち，資料3の2つ目の項目の条件を満たすのはA。残るアとウは，資料3の1つ目の項目から資料1においてアがウよりも高いので，アがB，ウがD。

答 A．イ　B．ア　C．エ　D．ウ

2．統計資料の読み取り～論述問題編　　問題 P. 12～20

《類題チャレンジ☆》～地理・歴史分野～

1 この時期には特に，自動車や半導体の分野で貿易摩擦が激化した。

答 工業生産が減少し，失業者が増加した（同意可）

2 バイオガスとは，バイオマス（生物由来の資源）をメタン発酵させることで生み出される可燃性のガスのこと。

答 発達した産業の活動によってバイオマス資源が排出（同意可）

3 X．図2から，2016年から2020年の間に秋田県の再生可能エネルギー発電量が70万kW以上増えたことがわかる。Y．火力発電の燃料は石油・石炭などの化石燃料であり，日本はほとんどを輸入に頼っている。再生可能エネルギーは輸入するものではないので，火力発電の割合が減ればエネルギーの自給率が高まると考えられる。

答 X．再生可能エネルギーの発電量を増やす　Y．化石燃料の輸入量が減る（それぞれ同意可）

4 アヘンは麻薬であり，中毒患者が増えたこともあって，中国はきびしく輸入を取りしまるようになった。

答 中国のアヘン密輸入額が増加し，中国からの銀流出額が増加した（同意可）

5 第一次世界大戦の反省から，ワシントン体制と呼ばれる軍縮の機運が世界的に高まっていた。

答 ワシントン会議で，海軍の主力艦の保有を制限することが取り決められ，軍備縮小を行ったため。（同意可）

6 資料2からは国民総生産や平均月収が増加していること，資料1からは新しい電化製品が次々に登場し，普及していることが読み取れる。なお，現在は国民総生産ではなく，国内総生産（GDP）を指標として使うようになっている。

答 収入が増えたことにより，いろいろな電化製品を買えるようになった（同意可）

《類題チャレンジ☆☆》～公民分野・発展演習～

1 小選挙区制は，一つの選挙区から一人の当選者を選ぶ方法。有権者数の多い選挙区と少ない選挙区では，当選に必要な票数が異なることから，本来同じであるはずの一票の価値が異なってしまうという課題がある。

答 選挙区によって有権者の数に差があるので，一票の格差が生じること。（同意可）

2 資料1から，有権者の年代が高いほど選挙関心度が高くなっていること，資料2から，年代が高いほど投票率が高いことを読み取るとよい。

答（他の年代と比べて，）選挙に関心がない人が多く，投票率が低い。（同意可）

3 将来，返済や利子の支払が必要になる国債残高が年々増加している。

答 将来の世代に負担を残す（同意可）

4 資料1から，道路を広げたり，立体化したり，新たな道路整備を行おうとしていることがわかる。このことから，人口密度の高い福岡市などでは渋滞がはげしくなっていることが予測できる。

答 面積割合に対する人口割合の比が大きく，人口密度が高い（同意可）

5 P．ラジオ放送を聞ける範囲が全国に広がった理由を，図2の1925年と1934年の変化から読み取る。Q．図3の番組の内容に注目し，それぞれの番組を聞く人々の年齢層について考えるとよい。

答 P．全国に放送局が設置され，東京の放送局と地方の放送局が電話線で結ばれた　Q．大人から子供まで幅広い人々に向けた，趣味や娯楽に関する番組が放送されていた（それぞれ同意可）

6 資料を見ると，特にアフリカ地域の人口増加が著しく，今後も増加し続けることが予測される。

答 今後も人口増加による食料不足が予測され，自分たちで収穫量を増やせるようにするため。（同意可）

3．文章の穴埋め問題　　問題 P．21～29

《類題チャレンジ☆》～地理・歴史分野～

1 フォッサマグナはラテン語で「大きな溝」という意味。

答 ア

2 長野県の高原地域ではレタスやキャベツなどの高冷地野菜の栽培が盛ん。

答 抑制(栽培)

3 英語やドイツ語などのゲルマン系言語はヨーロッパの北西部，イタリア語やスペイン語などのラテン系言語はヨーロッパの南部で多く話されている。

答 ア

4 肉牛の生産量が最も多い国はインド。

答 ウ

5 都心部には官公庁や企業・学校などが多く，昼間は通勤や通学で郊外から都心部に郊外に住んでいる人々がやってきて，夜になると自宅のある郊外に戻る傾向にある。

答 イ

6 Ⅰ．日付変更線の西側に近い日本の方が時間は進んでいる。Ⅱ．緯度が高い方が，冬の日照時間は短く，夏の日照時間は長くなる。

答 エ

7「壬申の乱」は，672 年に天智天皇の弟である大海人皇子と天智天皇の息子である大友皇子との間でおこった争い。「惣」は室町時代に発達した農村の自治組織。

答 イ

8 調は各地の特産品を，運脚と呼ばれる農民らが都まで運ぶ必要のあった税。

答 イ

9 国会の早期開設を主張していた大隈重信は，伊藤博文らによって 1881 年に政府を追われた後，1882 年に立憲改進党を結成した。

答 ①イ　②ア

10 1912 年に長州藩出身の桂太郎が 3 度目の内閣をつくると，尾崎行雄や犬養毅らは憲法にもとづく政治を守ろうとする護憲運動を起こした。

答 ウ

11「欧化政策」や「地租改正」は，明治時代初期の政府による政策。

答 エ

12 インドのネルー首相などの提案によって開かれた。バンドン会議，A・A 会議などともいわれる。

答 アジア・アフリカ会議

《類題チャレンジ☆☆》～公民分野・発展演習～

1 a.「資本主義」は，個人や企業の利益を目的に経済活動を行う社会体制のこと。b.「国際法規」は，国どうしのきまりや合意のこと。

答 エ

2 日本国憲法の内容は複雑な手続きを経ないと変更できない。このような憲法を硬性憲法という。

答 エ

3 立法とは法律をつくること。

答 立法機関

4 みなが必要とする需要が高いものであっても，ありふれたものであれば希少性は低くなる。

答 P．イ　X．希少性

5 雇用を創出し，消費を刺激しようとする政策。

答 ア

6 WHO は「すべての人々が可能な最高の健康水準に到達すること」を目的として設立された国連機関。

答 エ

7 イスラム教の説明を選ぶ。アは仏教，イはヒンドゥー教など，エはキリスト教の特徴。

答 ウ

8 家庭や事業所などの廃棄物を，リサイクルを推進して，「廃棄物ゼロ」にすることを目ざす事業のこと。

答 エコタウン

9 ウは 1853 年に来航したペリーの説明。

答 イ

10 1890 年に開かれた帝国議会は，衆議院と貴族院で構成された。

答 国会(または，議会)を開く（同意可）

11 a．国債とは，国が国民などからした借金のこと。b．不況時は買いオペレーションを行い，市場に出回る通貨量を増加させ，好況時は売りオペレーションを行い，市場に出回る通貨量を減少させる。

答 a．イ　b．公開市場操作(または，オペレーション)

12 あ．アメリカは，京都議定書が経済の発展をさまたげることや，途上国に削減義務がないことなどを理由に，京都議定書から離脱した。い．京都議定書は，先進国にのみ温室効果ガスの排出削減を義務づけていたが，パリ協定は，すべての国に削減目標の提出を義務づけた。

答 ア

4．地図・写真・資料などを使った問題

問題 P．30～38

《類題チャレンジ☆》～地理・歴史分野～

1 A～C を合わせて「日本アルプス」と呼ぶ。

答 オ

2 ふだんは波がおだやかで水深が深いため，天然の良港になっているところが多い。

答 リアス海岸

3 ラテンアメリカの国々はポルトガル領であったブラジルをのぞくと，ほぼスペインの植民地であったため，キリスト教徒が多く，ブラジル以外のほとんどの国の公用語はスペイン語となっている。

答 ア

4 アは佐渡金山，イは足尾銅山，エは別子銅山。

答 (符号) ウ　(名称) 石見(銀山)

5 ① モンゴル帝国を建国したチンギス＝ハンの孫。

答 ① フビライ＝ハン　② 北条時宗

6 息子の藤原頼通とともに摂関政治の全盛期を築き上げた。

答 ウ

《類題チャレンジ☆☆》～公民分野・発展演習～

1 E の「砂漠化」，F の「地震」，G の「森林保全」に注目するとよい。

答 ウ

2 B．自己決定権は，自分の生き方や生活の仕方について自由に決定する権利。「プライバシーの権利」は，私生活に関する情報をみだりに公開されない権利。

答 ウ

3 パンの価格が上がったのは，原料の小麦などの供給量が減って価格が上がったため。日本の食料自給率は低く，小麦や大豆は特に自給率が低い。

答 エ

4 (2) まことさんがいる岩手県が1月1日13時なので，かえでさんがいる地点とは13時間以上の時差がある。日本とイギリスの時差が9時間なので，かえでさんがいる場所はBかCになる。そのうち，気温が高いのは赤道により近いCとなる。

答 (1) イ　(2) C

5「大浦」や「入ケ浦」の特徴的な形をヒントにするとよい。

答 イ

6 口分田は，所有者の死後は国に返却することになっていた。

答（選択肢A）ウ　（選択肢B）カ

7 元禄文化の時期につくられた文化財を選ぶ。アは菱川師宣がえがいた「見返り美人図」。イは金閣で室町文化，ウは東大寺南大門金剛力士像で鎌倉文化，エは葛飾北斎の浮世絵「富嶽三十六景」で化政文化の時期の文化財。

答 ア

8 b．日本は，1894年にイギリスと条約を結んで領事裁判権を撤廃し，1911年にはアメリカと条約を結んで関税自主権を回復し，不平等条約を改正した。c．東アジアでは，「中華人民共和国」の防衛費の額が最も大きい。d．防衛費上位10か国のうち，国内総生産が最も小さいのはサウジアラビア。e．那覇から2000km以内に領土を有している核保有国は，北朝鮮とロシア，中華人民共和国の3か国。

答 ウ

9 銀行などの金融機関を通して資金を借りることを「間接金融」という。

答 直接金融

5．論述問題　　問題 P．39～44

《類題チャレンジ☆》～地理・歴史分野～

1 日本では稲の品種改良が行われ，寒さに強い品種が開発されてきた。

答 やませによる冷害に強い品種を栽培する。(同意可)

2 スペインは南北アメリカ大陸で栄えたアステカ王国やインカ帝国を滅ぼし，金・銀の鉱山を開発したり，サトウキビやタバコの農園を開いた。これらの労働力としてアフリカから移住させた黒人を奴隷(どれい)として働かせた。

答 働くために連れてこられたアフリカ（同意可）

3 1980年代のアメリカ合衆国では，輸入した日本製の自動車が多く売れたことにより，アメリカ国内の自動車メーカーの生産が衰退し，雇用問題などが生じた。

答（わが国と，アメリカ合衆国やヨーロッパ諸国との間で，）貿易摩擦が激しくなった（または，関税などをめぐって貿易上の対立がおこった）から。（同意可）

4 都市部は，アスファルトやコンクリートの熱吸収による蓄熱やビルの冷房装置からの排気熱などによって気温が高くなりやすい。

答 都市の中心部の気温が周辺より高くなる現象。（同意可）

5 南米では，ポルトガルが支配したブラジル以外のほとんどの地域をスペインが支配していた。

答 スペイン（または，ポルトガル）の植民地

6 民族の分布を無視して国境線が引かれたため，独立後も国内での民族紛争や国境付近での紛争が絶えない。

答 ヨーロッパ諸国が植民地にした際の境界線を，国境線として使っているから。(同意可)

7 北海道の根釧台地などでさかんに行われている。

答 (牧草などの飼料を栽培して,)乳牛などを飼育し，乳製品を生産する農業。(20 字) (同意可)

8「死亡率が大幅に低下」したことにかかわりの深い事象を考えるとよい。

答 医療の発達 (同意可)

9 参勤交代を義務付けて大名に領地と江戸の往復や江戸滞在期間の費用を負担させた。

答 一年おきに江戸と領地を往復すること。(同意可)

10 院政は，1086 年に白河上皇が始めた。

答 天皇の位をゆずったのちも，上皇として行う政治。(同意可)

11 中国では，対華二十一カ条の要求やベルサイユ条約に反対する五・四運動が起こった。

答 ドイツが占領していた山東省の権益を日本が引きつぐこと。(同意可)

12 班田収授法は，公地公民の原則に基づいて実施された。

答 戸籍に登録されている 6 歳以上の全ての人々 (同意可)

13 アメリカの統治下におかれた後，1968 年に小笠原諸島が，1972 年に沖縄がそれぞれ日本に返還された。

答 (日本は)独立を回復した。(沖縄や小笠原諸島などは)アメリカの統治下におかれた。(それぞれ同意可)

14 物価高の原因が株仲間にあるとして解散させたが，経済状況の回復にはいたらなかった。

答 物価の上昇をおさえるため，営業を独占していた株仲間を解散させた。(同意可)

15 満州国皇帝となったのは，清朝最後の皇帝であった溥儀(ふぎ)。

答 最後の皇帝を元首としたが，実権は日本 (18 字) (同意可)

16 遣唐使を派遣していた理由は，唐の優れた制度や文化などを日本に取り入れるためであったことに注目する。

答 唐が衰えたから (同意可)

《類題チャレンジ☆☆》〜公民分野・発展演習〜

1 企業の経営状況が悪いときなどには，配当が支払われないこともある。

答 株主総会において議決に参加したり，会社の利益の一部を配当として受け取ったりする権利を持っている。(48 字) (同意可)

2 株式の所有者を株主といい，株主は配当を受け取ったり，株主総会に参加することができる。

答 多額の資金を少額の株式に分け，広く多数の人に購入してもらうことにより，必要な資金を集めやすくなること。(同意可)

3 寡占状態とは，市場で商品を供給する企業が少数しかない状態。

答 企業どうしの競争が弱まり，極端に高い価格で商品を購入しなければならないこと。(同意可)

4 売上情報を分析することで，どの時間帯にどのような商品が必要になるかを判断できるため，商品の補充が効率的に行える。

答 効率的に商品を仕入れることができる (同意可)

5「マイクロクレジット」は無償援助ではなく，返済義務がある。返済義務を設けることで，借入する貧しい人々の自助や努力を促し，貧困からの脱出を成功させる結果につながることが期待されている。

答 貧しい人々に，事業を始めるための少額のお金を貸し出すこと。(同意可)

6 地方交付税交付金は，地方公共団体間の財政力の格差を縮小するために交付される補助金。したがって，税収が多く集まり，財政が安定している自治体への交付はされないか，少額にとどめられる。

答 地方交付税交付金は，地方公共団体の収入の不足分を補うために国から配分されているが，景気が回復したことにより，多くの地方公共団体で地方税による収入が増えたから。(同意可)

7 「車いす使用者用のトイレを設置する。」などの解答も可。

答 (例) 建物の出入り口の段差をなくす。

8 第一審の判決に不服で第二審に訴えることを控訴，第二審の判決に不服で第三審に訴えることを上告という。

答 審理し，間違った判決（同意可）

9 平安時代以降，都がおかれた京都には，歴史的建造物や古い町並みが残っており，世界文化遺産の指定を受けている寺院なども多い。

答 歴史的な景観や町並みを守るため。(同意可)

10 地下に放水路を建設するなどの対策がほどこされている地域も増えてきた。

答 アスファルト(または，コンクリート)でおおわれている（同意可)

11 「刀狩」は，兵農分離のために百姓などから武器を取り上げた政策。百姓は，太閤検地によって耕作地に関する権利を得るかわりに，決められた年貢を確実に納めることが求められた。

答 武士と農民の身分の区別が明確になったから。(同意可)

12 19 世紀ごろからは，工場を建設し，人を雇って分業で製品を作らせる工場制手工業が発達した。

答 (問屋が，)農民に材料や道具を貸して，生産させた製品を買い取る(または，製品をつくらせる)(しくみ。)(同意可)

13 日本国憲法の改正は，施行以降，一度も行われたことがない。

答 憲法は国の権力を制限し，国民の基本的人権を保障する役割を持つ法であるため。(同意可)

14 銀行は，貸したお金に対して利子を受け取り，預けられたお金に対して利子を支払っている点に着目する。

答 銀行は，家計などに支払う利子よりも，企業などから受け取る利子を高くすることで利益をあげている。(同意可)

6．2文の正誤判断・多答式問題　　問題 P. 45〜52

《類題チャレンジ☆》〜地理・歴史分野〜

1 X. 高齢化が進んでいるため，2022 年の方が割合が大きい。Y. おおよその 2022 年における 25〜34 歳の人口の割合は，男女とも 7％。2012 年における 15〜24 歳の人口の割合は，男が 10％で女が 8％。

答 エ

2 a. アメリカで自動車製造がさかんなのはデトロイト。「ピッツバーグ」は鉄鋼業がさかん。

答 a. × b. ○

3 資料のア・エは緯度 0 度の赤道。イは北緯 60 度，ウは北緯 20 度の緯線。

答 ア(と)エ

4 ア.「原子力発電」ではなく，水力発電。エ. カナダよりもオーストラリアの方が高い。

答 イ・ウ

5 藤原氏を中心に摂関政治が行われたのは平安時代。Y はおおよそ鎌倉時代以降の社会の様子。

答 イ

6 足利義満は，明から求められた倭寇の取り締まりを行い，日明貿易を開始した。

答 ア

7 資料に記されているのは 1 世紀のできごと。アは紀元前 3000 年ごろ，イは 4〜7 世紀，ウは 11 世紀以降，エは紀元前 6〜5 世紀のできごと。

答 ア・エ

8 ウは明治時代，エは大正時代の政策。

答 ア・イ・オ

《類題チャレンジ☆☆》～公民分野・発展演習～

1 Y. パリ協定では先進国だけではなく，開発途上国も温暖化対策をすることになった。

答 イ

2 Ⅰ. 地方公共団体の首長のうち，市町村長の被選挙権は満25歳以上であたえられる。

答 ウ

3 第一審の判決に不服で第二審に訴えることを控訴，第二審の判決に不服で第三審に訴えることを上告という。

答 ① 高等　② 地方　③ 簡易　(記号) B・D・F

4 電気やガス，タクシーの料金なども公共料金に当てはまる。

答 ア・オ

5 図に示された国はケニア。X はコートジボワールについて述べた文。

答 ウ

6 イ.「すべて工業製品に変化」が誤り。2007年の上位5品には，農産物の「肉類」と鉱物資源の「鉄鉱石」がふくまれる。エ.「100倍以下」ではなく，100倍以上が正しい。

答 ア・ウ

7 A. 令和3年度から令和4年度だけを見ても「沖縄県」「県外都道府県」の刻銘者数は増加している。

答 エ

8 ウは743年，カは712年のできごと。アは645年，イは4世紀以前，エは12世紀末～13世紀初め，オは10世紀前半のできごと。

答 ウ・カ

9「手続きの公正さ」は，物事の決定に全員が対等に参加できること。P は「機会や結果の公正さ」という考え方が取り入れられている例。

答 P. ×　Q. ○

10 イは裁判官と裁判員の人数が逆。ウは裁判員は事件ごとに「くじ」で選ばれるので誤り。オの「有罪か無罪かの判断」は裁判員と裁判官の合議で決める。

答 ア・エ

7. 一問一答　問題 P. 53～56

答【地理分野】

1. シリコンバレー　2. メキシコ　3. OPEC　4. 経済特区　5. キャンベラ　6. モノカルチャー(経済)　7. ASEAN　8. ユーロ　9. ポリネシア　10. 大津(市)

【歴史分野】

11. 租　12. 大宝律令　13. 万葉集　14. 惣　15. 座　16. 徳川家康　17. 徳川家光　18. オランダ風説書　19. 蔵屋敷　20. リンカン　21. ラクスマン　22. ペリー　23. 井伊直弼　24. 原敬

【公民分野】

25. 国民主権　26. 生存権　27. 納税の義務　28. 政令　29. 公職選挙法　30. 内閣　31. 条例　32. 三審制　33. 社会保障(制度)　34. 累進課税　35. 株主総会　36. 製造物責任法　37. ケネディ　38. クーリング・オフ　39. 労働基準法　40. 自衛隊　41. 世界人権宣言　42. 京都議定書　43. ニューヨーク　44. AI